サイコロジーセールス

The Psychology of Sales

最強の営業心理学

セールスコンサルタント・セールスYouTuber
大谷侑暉

フォレスト出版

はじめに

営業で成果を上げるために

どうすれば営業で成果を上げることができるか——。

きっと、本書を手に取った方であれば、何度もこの問いを自分に投げかけてきたのではないでしょうか。当然、この問いには様々な回答があることでしょう。

「熱意だ」「他人に貢献することだ」「セールス台本だ」「自分との闘いに勝つことだ」「諦めないことだ」「とにかく継続することだ」……など。もちろん、これらのことも営業で成果を上げる上で欠かせない要素であることは認めます。

しかし、ここでは心理学をこよなく愛する私なりの回答をお伝えします。

結論、営業で成果を上げる方法は、**「人間の心を理解すること」**です。

なぜなら、**人は心でモノを買う**からです。これは私だけが言っていることではなく、現代的な最先端の営業としても、営業やマーケティングにおける世界の潮流としても、「心理を理解する」ことが今一番大切だと言われています。

たとえば、インサイト（もしくはインサイトセールス）という言葉を聞いたことがあるでしょうか。近年最も注目されている営業手法のひとつです。端的に言うと、顧客が気づいていない潜在的な課題や消費に関する心理傾向を知り、より良い顧客体験の提案や自社の営業をより効果的にする手法です。

営業もマーケティングも、これまでの売り手側の視点から「どうすれば売れるのか」を考えるのではなく、「顧客の心理はどうなっているか」という観点が重要になってきています。ユーザーベース（ユーザーファースト）、顧客起点マーケティング、インサイトセールスなども同じ潮流にあります。

そして、本書のテーマも「営業×心理学」です。この本はインサイトセールスの本ではありませんが、サイコロジーセールスという営業手法をお伝えしていきます。

人間の持つ普遍的な認知傾向、心理傾向などを押さえつつ、営業の基本プロセスをたどりながら心理学を使う営業方法を解説していきます。

当たり前ですが、同じ商材を同じように売っても「売れる人」「売れない人」に分かれます。たとえば、どれだけその商品にすごい価値や機能があったり、価格が安かったりしても、それを売る営業マンを信じられなかったり、印象が悪かったりすると売れませんよね。逆に、商材自体それほど取り立てた特徴や機能がなくとも、価格が安くない状態であっても、売る人次第でモノは売れていきます。

売れる営業マンとは、商材がすごいから売れているわけではなく、相手に「欲しい」「買いたい」「契約したい」「どうせ買うなら、この人からがいい」と思ってもらうことに成功しているから売れるのです。

言い換えれば、**心理的に「買いたい」「買わせて欲しい」と思わせるプロこそが、一流の営業マン**なのです。

つまり、営業で大切なのは顧客の心理を理解し、心理に合わせた営業を行うこと。これができれば売る商材が変わろうが、会社が変わろうが結果を出し続けられます。

なぜなら、心理学は、「心を扱う科学」だからです。正しく扱いさえすれば、どのような商材であっても売れる再現性の高い営業スキルになるのです。

■「売れない人」は何が間違っているのか？

ご挨拶が遅れました。セールスコンサルタント兼セールスYouTuberとして活動しているオータニと申します。私はこれまでMLMや学習教材を販売する会社などで営業に関わる活動を行ってきました。どの会社でも短期間でトップセールスを記録してきました。

そして現在は、YouTubeをはじめとしたSNSで情報発信をしながら、営業マンや経営者に心理学を使った営業手法をコンサルティングする活動をしています。

私のところに相談に来られる方は、「成績がなかなか上がらない営業マン」「プレゼンテーションやクロージングが苦手な営業マン」「自分や自分の商品を売りたい経営者」など様々。これまで数十業種の営業マンや経営者に営業を教えてきました。そして9割以上のクライアントが営業成績を伸ばし、営業が楽しくなったという声をいただけています。

では、営業が苦手な人、売れないと悩んでいる人は何が問題だったのか。

それは**「自分」にしかフォーカスがあたっていない**ことです。

・営業が苦手
・どうやったら買ってもらえるのか
・どうやったら契約が取れるのか

など、ずっと自分の行動について悩んで終わっているのです。解決策も売れている営業マンの本を読んだり、マネをしたりするだけなのですが、本当の深い部分をマネができていませんでした。

売れる営業マン、一流の営業マンほど、人の心理を知り尽くしています。

つまり、**売れない営業が売れる営業になるために、一番大事なのは「人の心理」にフォーカスをあてること**です。それは「顧客がいまどう思っているのか」というレベルの話だけでなく、人間が持っている普遍的な心理傾向、心理現象というレベルで知ることです。

返報性の原理、コミットメントと一貫性の原理、権威効果……といった様々な心理法則があります。ご存じのものも多いかと思います。これは科学的にも証明されている人間の行動原理であり、認知傾向としてかなり精度の高いものです。

正しい営業プロセスに従い、これら心理法則に基づく営業を行うことで、どんな人であっても、驚くほど営業成績は上がっていきます。

逆を言えば、これらを知らないで営業することは、地図も服も持たないで雪山を登ろうとするようなものです。

本書サイコロジーセールスは、単に顧客の心理を知るというものではなく、人間の認知傾向や心理傾向を理解しながら、営業を仕組み化していくことにほかなりません。ですから、本書を使ってただ心理学を学ぶのではなく、本書が構成している「営業プロセス（基本心理、ラポール、ヒアリング、プレゼンテーション、クロージング）」を理解しながら、営業に心理学を取り入れていってください。

このプロセスを徹底的に守ることで、高い再現性のある営業力を身につけることができるのです。

■心理法則以前の心理営業の秘密

さてここまで読んで、「人の心を理解する」「営業のために心理学を学ぶ」と言うと、とても難しいように思うかもしれません。

もちろん、心理法則や認知傾向がどういったものかを学ぶことは大切ですが、本題に入っていく前に、実際にやるべきシンプルな営業の原則をお伝えします。

それは、**営業戦略の中に、「ポジティブ」を入れ、「ネガティブ」を消す**こと。

これがサイコロジーセールスにおけるスタート。

なぜなら、これも基本的な心理法則だからです。どういうことか、具体的に解説していきますね。

ポジティブとは、「相手を褒める」「話を丁寧に聞く」「相手に共感する」などです。

これらは「営業中にやったほうが良いことだ」というイメージはあるでしょうか。

では次に、ネガティブとはなにか。ネガティブとは、「遅刻をする」「悪口を言う」「話ばかりをする」などです。これらのことは、営業中にやらないほうが良いことなのは一瞬でわかりますよね。つまり、ポジティブとは「営業中にやったほうが良いこと」であり、ネガティブとは「営業中にやらないほうが良いこと」です。


想像して欲しいのですが、遅刻ばかりをし、口を開けばベラベラと話し出し、人の悪口ばかりを言う営業マンから商品を購入しようとは思わないですよね。

しかし、これらのことを営業戦略の中から排除するだけで、顧客からの印象はどう変わるでしょうか。きっと普通レベルまでには回復することでしょう。

さらにネガティブ要素が一切なく、営業マンの印象も立ち居振る舞いもすべてポジティブな印象や情報だけを与えられたらどうでしょう。最後のクロージングでこの商品は売りません、と言ったとしてもきっと「売ってください」「買わせてください」と言ってもらえるのは想像に難くないですよね。

では、あなたに質問します。

あなたは本当に営業中にやったほうが良いことができているでしょうか。そして、やらないほうが良いことを徹底的に排除できていますか。

きっと、まだまだ改善の余地がある人がほとんどですよね。

このように、**あなたの営業戦略に、ポジティブをインストールし、ネガティブをアンインストールすることが、営業で成功する基本原則**なのです。

本書を手に取っているということは、あなたも少なからず「もっと売りたい」「売れる人になりたい」などの思いを抱えているはず。もしそうであるなら、今一度あなたの営業戦略をチェックしてみてください。

きっと何かしらのネガティブが入っていたり、本来取るべきポジティブな言動ができていなかったりするでしょう。

営業で成果を上げる方法は、営業マンとして当たり前のことをする、つまり、営業戦略の中に、ポジティブを採用しネガティブを排除することだということがわかるのではないでしょうか。

さて、これから多くの心理法則をお伝えしていきますが、まずはこれを頭に入れておいてください。

営業戦略にポジティブを入れ、ネガティブを徹底して排除する。

これを意識するだけでも、営業の結果は変わってくるはずです。

そして、これまでただの知識として知っていた心理法則を、ちゃんと営業のプロセスに落とし込むことができれば、あなたは人の心を理解した一流の営業マンにステップアップすることができるはずです。

本書が、営業に悩むすべての人の変わるきっかけになれば、著者としてこれほど嬉しいことはありません。ぜひ最後まで読んで、営業に活かしてみてください。

大谷侑暉
セールスコンサルタント・セールスYouTuber

第2章

ラポール獲得の心理法則

第3章

ヒアリングの心理法則

第4章

プレゼンテーションの心理法則

第5章

クロージングの心理法則

序　章

営業とは

営業の定義

いきなりですが、あなたにひとつ質問があります。

「あなたにとって、営業とは何でしょうか？」

きっとこの質問を日本中の営業マンにしてかき集めたら、それはもう膨大な答えが返ってくることでしょう。もちろん、個人的にはこれについての回答は、様々あっても良いと思います。

私は営業を次のように定義します。

「営業とは、問題解決の提案をすることである」


営業を勉強している方だったら、この定義は見慣れたものかもしれません。

しかし、多くの人たちは「営業とは、問題解決だ！」で止まってしまっています。

実は、これでは売れる営業をすることはできません。

なぜなら、この回答では抽象的な表現でとどまっているがゆえに、具体的なアクションに落とし込むことが難しいからです。実際、「じゃあ今から問題解決してみて！」と言われた時、あなたは具体的にどんなアクションを起こすことができるでしょうか。

売れる営業マンを目指すのであれば、この「問題解決」というワードを、もっと具体的にしなければなりません。

■ 現状と理想のギャップを埋めよ

では、「問題解決」というワードを、より具体的に紐解いていきましょう。

結論から言うと、**問題解決とは「現状と理想のギャップを埋めること」**です。少しずつ具体的になってきましたね。ただ、これでもイメージが湧かない方もいるでしょうから、具体例を使って説明していこうと思います。

たとえば、パーソナルトレーナーは、主にダイエットや筋力アップのサポートをする仕事ですが、ここではダイエットにフォーカスして話を進めていきます。

パーソナルトレーナーとは、どのように現状と理想のギャップを埋める仕事なのか。答えとしては、「80キロ（現状）ある体重を60キロ（理想）にするための提案やサポートを行う仕事」と言えるでしょう。

これはパーソナルトレーナーに限りません。ほかにも、「営業での売上げを月20万円（現状）から100万円（理想）にしたい！」などですね。このように、あらゆる商品・サービスは、何かしらの問題（現状と理想のギャップ）を解決するために存在しています。もちろん、本書もあなたの問題解決を目的としています。

「営業とは、現状と理想のギャップを埋める提案をすること」

こう言えるはずです。

しかし、現状と理想のギャップを埋めるためには、ある「壁」を越える必要があります。それが「課題」です。「現状」と「理想」の間に存在する「課題」を解決して、はじめてギャップを埋めることができるのです。

これも先ほどのパーソナルトレーナーを例にして解説します。

たとえば、80キロ（現状）から60キロ（理想）になりたい女性がいたとします。しかし、問題は「何でこの20キロのギャップが埋まらないのか？」ということですよね。それは、この現状から理想へいくまでに大きな壁があるからです。

たとえば、「継続ができない」「食べるのが好き」「筋肉のつけ方がわからない」など。

このように、現状と理想の間には、ギャップが埋まらない理由（壁）が存在します。この**「課題解決の提案」こそが、営業の仕事であり役割**なのです。

たとえば、「継続ができない」という課題を持っているのであれば、継続にフォーカスしたプログラムを提供することで、購入に結びつけやすくなります。

まとめると、**営業とは、「問題解決」であり、それは「現状と理想のギャップを埋めること」。そして、理想に立ちはだかる「課題」を解決してあげること**なのです。

加えてお伝えすると、課題は、顧客が勘違いしてしまっていることもあります。たとえば、整体院を例にするのであれば、「腰が痛い」という悩みを訴える顧客が来院しました。そんな時、彼は課題を次のように伝えてきました。

「きっと毎日デスク仕事をしているから腰が痛いのだ」と。それを踏まえて施術してみたところ、デスクワークはただの勘違いで、本当は足に合わない靴を履いているからだとわかったりします。

このように、「顧客の提示した課題がすべて正しいものではない」という視点を忘れないでください。でないと、その顧客に最適な商品を提案できなくなるからです。

■ 営業プロセス

本書はこの営業プロセスになぞって構成されています。

営業プロセスとは、契約に至るまでのプロセスのことです。
具体的には、**「ラポール→ヒアリング→プレゼンテーション→クロージング」**という流れのことです。このプロセスの簡単な解説をしていきます。

ラポールとは、信頼関係の構築のことです。営業において信頼はものすごく重要な要素になります。たとえば、想像してみてください。

まったく聞いたこともない企業から、いきなり商品を購入しようと思うでしょうか。きっと、多くの人は、まったく知らない企業からの商品なんて購入しようと思わないですよね。

ですから信頼関係の構築が重要になります。

そのため、企業は莫大なお金をかけてGoogleやYouTube、そのほかSNSに広告を流し、消費者と何度も接触し、信頼関係を構築しようとするのです（のちほど解説するザイアンス効果が絡んでいます）。そして、消費者が「この会社なら安心だ」と感じてはじめて商品を購入してもらえるようになっていきます。

当然、いち営業マンも同じです。何度もメールや電話をしたり、挨拶まわりをしたりするのもこのラポールを築くため。信頼構築こそが営業のスタートになるのです。

次にヒアリングです。営業では、「ヒアリングで勝負が決まる！」と言われるくらい、ヒアリングは重要な営業プロセスとなります。

では、なぜヒアリングはそこまで重要なのでしょうか。

それは「ヒアリング＝現状・理想・課題の3つを引き出すこと」だからです。つまり、**ヒアリングとは、「現状・理想・課題に関する情報収集」**のことを指しています。

顧客の情報が収集できておらず、現在の悩み、理想、課題といったことがわかっていない状態で、商品を提案なんてできないですよね。

たとえば、お医者さんはどのような過程を経て、お薬を出すに至るでしょうか。

まず患者さんの問診を行う。これにより病気を特定する。病気を特定できてはじめてやっとお薬を出せるのです。

病気が特定できていないのに、お薬を出すお医者さんがいたら、あなたはどう思いますか。これこそヒアリングが重要であることの答えになります。

繰り返しになりますが、営業とは、現状と理想のギャップを埋めることであり、その課題を解決する提案をすることです。今まで「ヒアリングをしよう！」と言われても、何をすればいいのかわからなかったでしょう。しかし、もう大丈夫ですね。ヒアリングでは、「現状」「理想」「課題」に関しての質問をすればいいのです。

プレゼンテーションとは、商品提案のことです。

詳しくは「ヒアリング」のセクションの部分でお伝えしますが、プレゼンテーションをより具体的に定義するのであれば、顧客の抱える問題を解決するための提案をする営業プロセスになります。

たとえば、目の前には、10キロの体重を落としたいと考えている女性がいます。彼女は今までに様々なダイエットを試してきましたが、いつも途中で挫折してしまうような人間です。

さて、あなたがパーソナルトレーナーだったとしたら、どうすれば女性にダイエットプログラムを購入してもらえると思いますか。ちょっと考えてみてください。

答えをお伝えすると、「これなら継続できる」と思わせればいいのです。

というのも、この例の女性の課題は「継続ができない」ことだからです。痩せられないのは、「ダイエットやトレーニング方法を知らないから」「運動不足だから」でもなく「ダイエットの継続ができない」からです。ということは、それが払拭できれば女性は「私でもできる！」と感じるわけですよね。

このようにヒアリングで確認した現状・理想・課題から、この商品ならあなたの課題を解決できるというプレゼンテーションを行います。実際に、課題が解決すると頭でも理解でき、実際に課題解決できるイメージを持たせるようなプレゼンテーションにすることが大切です。

最後にクロージング。

クロージングとは、締めくくりのことです。

つまり、営業のフィナーレのことです。イメージしやすいトークで言えば、プレゼンテーションが終わったあとの「いかがですか？」の部分ですね。

これまでに解説してきたラポール、ヒアリング、プレゼンテーションが徹底されていれば、クロージングで顧客から「YES」を取ることができるようになります。もちろん、クロージングの部分でもやるべきこともいくつかは存在するのですが、クロージングで購入率を高めることはほとんどできません。

なぜなら、**購入率を高めるのは、クロージングよりも前の営業プロセス**だからです。大切なのは、クロージングでどうこうしようと思うのではなく、それまでの営業プロセスを徹底すること。

逆に言えば、売れない営業マンの多くは、クロージングばかりに力を入れ、それまでの営業プロセスをおざなりにしていることがほとんどと言えます。

ここまで紹介した営業プロセスを徹底することで営業成果を大きく上げることができます。そして、このプロセスの中で鍵になるのが「人の心理や認知について理解する」ことです。一見プロセスをたどっているようでも、各フェーズで顧客の心をうまく動かせていなければ、成果は上がりません。優秀な営業マンは誰よりも人間心理がわかるからこそ、各プロセスで心を掴み、動かし、最終的に「買いたい」「売って欲しい」と思わせることができるのです。

次章では、人間心理における原理原則であり、営業における絶対的な「営業の基本心理法則」を6つ紹介していきます。

ここで紹介する心理法則は、最も重要で、営業のあらゆるプロセスで押さえておくべき基本となるものです。この心理法則をないがしろにして、成果を上げることはまず不可能です。

きっとこの先を読み進めていくと、「この心理法則聞いたことあるし、読み飛ばそう」と思うこともあるかもしれません。

しかし、それは絶対にしないでください。

逆に、知っていたとしても一つひとつの心理法則にしっかりと目を通し、「あなたの営業戦略に落とし込む」ところまで実行しましょう。

ここで紹介する心理法則は、それだけ重要な心理法則です。ではここから心理学の世界を一緒に勉強していきましょう。

第 1 章

営業が押さえるべき6大心理法則

1

返報性の原理

何かを与えられると「お返しをしなければならない」と感じる心理傾向

営業経験者であれば、この心理法則を一度は耳にしたことがあるのではないでしょうか。たとえば、バレンタインデーにチョコレートをもらったら、「ホワイトデーにお返しをしなきゃ」と感じるはずです。これは返報性の原理からくるものです。

■返報性の原理が生じる理由

では、「返報性の原理」はなぜ発動するのか。

それは人間の「本能」によるところが大きいと言えます。我々がまだ狩猟採集民だった頃は、共同体を作り、お互い協力し合うことで命をつなぎ止めていました。

たとえば、ある人は運動神経がすごくいい。一方で、ある人は運動神経は悪いが、手先が器用だったとする。この場合、「手先が器用な人」が弓矢などの武器を作り、それを「運動神経が良い人」に持たせ、狩りをさせればいいのです。そして、もしも「運動神経が良い人」が狩りに成功したら、「手先が器用な人は」そのうちの3分の1くらいを分け与えてもらう。

このように、我々は、お互いの強みを活かし、弱さを補填し合って生き延びてきたのです。

では、このような世界で、与えてもらってばかりで、お返しを一切しなかったらどうなるでしょうか。

たとえば、「運動神経が良い人」が、「手先が器用な人」から武器を与えてもらったにもかかわらず、獲物を分け与えなかったとしたら。きっと「運動神経の良い人」は信頼できないということで村八分に遭い、最終的に共同体から追放されてしまいます。

もちろん、共同体から追放されてしまった人は、うまく生きていくことはできず、すぐに命を落とすことになるでしょう。

■「返報性の原理」を営業に活用する方法

①相手が欲する情報
②自分の情報（自己開示）

相手に何かを与える時は、「モノ」ではなく「情報」を与えることを意識しましょう。

なぜなら、情報は「モノ」と違ってコストがかからないからです。

情報であれば、時間が許す限り、無限に与え続けることができます。献身的な情報提供をすると、相手はそれに対して恩に感じ、何か相手に返さなければいけない心理になります。それがプレゼンテーション移行率の向上や契約率の向上に直結します。

つまり、「これだけ価値のある情報をもらったのだから、プレゼンテーションくらい聞かないと！（契約ぐらいしないと）」と無意識に感じてくれるようになるわけです。

もうひとつの「自分の情報（自己開示）」についてですが、これだけで一項目を作れるくらいのボリュームになりますので、第2章の74ページでお伝えしていきます。

■「返報性の原理」を営業で使いこなすポイント

①問題の解決はひとつだけにする
②お返しはすぐにもらう

ポイントは、大きく分けると、2つ存在します。

まずは、「問題の解決はひとつだけ」です。顧客の問題を解決するのは大変素晴らしいことですが、解決し過ぎるのも問題です。

なぜなら、**すべての問題を解決してしまうと、「もうすべて解決してもらった」という満腹感を与えてしまう**からです。顧客のお腹がいっぱいになってしまい、商品の購入や契約に至らなくなってしまいます。

たとえば、私がパーソナルトレーナーをやっていたとします。

顧客は「スリムできれいな体形になりたい」という理想と、「食事の方法」「トレーニングの方法」「それを継続する方法」という3つの課題を持っている。

もし、それらの課題を解決するための知識やノウハウをすべて伝えてしまうと、「なんだ、もう全部ひとりでできるじゃん！」と勘違いをされてしまうわけです。

このように、顧客の抱える課題をすべてその場で解決してしまうと、失注になる可能性が生まれてしまいます。顧客としては問題ないかもしれませんが、営業としてはそれではただのボランティアで終わってしまうため問題ですよね。

なので、「顧客の問題を解決する時はひとつにする」ということを意識しましょう。

大切なのは、ひとつの問題を徹底的に解決してあげること。

それによって「返報性の原理」が働き、クロージングにつなげやすくなります。

では、2つ目のポイントに入っていきましょう。

返報性の原理の影響を最大限に活用する方法、それは「何かを与えたお返しはすぐにもらう」ことです。

なぜなら、我々は、**贈り物をされてからある程度の時間が経過してしまうと、その贈り物の価値を低く見積もってしまう**傾向があるからです。

たとえば、もらった瞬間の恩レベルが100だとして、それが1週間も経過すればそのレベルは50になってしまうイメージです（数字は適当ですが）。

これはもらった時の感動レベルが、時が経つにつれて逓減する（徐々に減る）ことによるものです。たとえば、感動的な映画を観た瞬間の感動レベルが100だとしても、次の日になっても同じなんてことはないですよね。

このように、我々のもらった時の感動レベルは、時間の経過に伴い徐々に目減りしていくのです。なので、お返しをもらう時は、なるべく時間をかけずにもらうようにしましょう。

問題をひとつ解決したあとの流れで見ていきましょう。

顧客は問題を解決したことで、「無料でここまでしてもらって申し訳ない……(汗)」という感情を抱きます。中には、それを口に出して伝えてくれることも。

もし、顧客がそれを伝えてくれたり、喜んで感謝の言葉を言ってくれたりしたら、すかさず次のようなトークをぶつけるようにしてみてください。

「もし○○さんがよければ、今後も○○さんのお力になりたいと感じているのですが、10分ほどお時間ございますでしょうか?」

これはプレゼンテーションへと移行するためのトークになります。

質の高い贈り物(情報)を受け取った顧客は、感動レベルが最も高い状態です。この提案に対して「NO」とは言いにくい状態になっており、プレゼンテーションに移行しやすくなるわけです。もちろん、プレゼンテーションに移行することができれば、それだけ契約率も高まることは言うまでもありません。

ほかにも、紹介をもらう際にも使うことができます。

たとえば、あなたが保険の営業マンだとして、既契約の方々が喜ぶ交流会を開いてあげたとする。交流会が終わりを迎える頃には、彼らは大満足していることでしょう。つまり、恩が最大化されている瞬間です。

そこで次のようなトークをぶつけましょう。

「本日は、交流会にご参加いただきありがとうございました！　ちなみに、今〝経済的に今後の未来について不安を感じている友達など〟は周りにいらっしゃいますか？」

ターゲットを具体的にすることで紹介をもらいやすくなります。なぜなら、それが具体的であることで、相手の頭の中に浮かびやすくなるからです。

もし、思い当たる友人がいるようであれば、すかさず紹介をもらうようにしましょう。もったいないのは、自宅に帰ってそのアクションを取らせることです。

なぜなら、繰り返しになりますが、一度自宅に帰ってしまえば、確実にその感動レベルはその瞬間よりは低下してしまっているからです。

なので、「紹介は、恩を感じている時にもらう！」ということを忘れないようにしましょう。

2

コミットメントと一貫性の原理

自分が決めたことや約束を貫き通そうとする心理傾向

まずは「コミットメントと一貫性の原理」における、それぞれの言葉を定義します。

「コミットメント」は、日本語で、「委託」「委任」「責任」「約束」など複数意味がありますが、ここでは「約束」と考えてください。

「一貫性の原理」とは、自分が決めたことや、一度行った思考、言動に対して、それを継続しようとする心理傾向のことです。

たとえば、ある映画を鑑賞していた時、前半からつまらないと感じながらも、最後まで観てしまった経験はないでしょうか。

または、営業の会議などで「今月は絶対に100万円の売上げを達成します！」と約束してしまうと、「なんとしても達成しなければ！」とか、達成できなかった時は「周りの目線が痛い……」などと感じてしまいますよね。

つまり、「コミットメントと一貫性の原理」とは、ある約束をしてしまうと、それに矛盾しない思考・行動を取ろうとする心理傾向だと言えます。

別の角度から、コミットメントと一貫性の原理について考えてみましょう。

たとえば、人は歌うことで楽しい気持ちになることがわかっています。というのも、〝歌う〟というコミットメントをすることで、それに矛盾しない〝楽しい〟という感情を生起させることにつながるからです。

このようにコミットメントには、「約束」などの意味もあるのですが、そこには「発言」や「行動」の意味も伴っていることを理解しておきましょう。

■コミットメントと一貫性の原理の実験

古い実験になりますが、社会学者のジョナサン・フリードマンとスコット・フレイザーらの実験をご紹介します。

彼らは、カリフォルニア州の住民を対象に、次の旨のお願いをして回りました。

(1)「安全運転と書かれた看板を庭に立てさせてもらえませんか？」

この時、どれくらいの被験者たちがそれに同意したと思いますか。結論から言えば、その承諾率は17%という結果となりました。ちなみに、この看板は庭の景観が損なわれるくらい大きな看板です。

しかし、あるお願いに同意してもらってから(1)のお願いをすることで、その承諾率を76%まで上げることに成功したのです。そのお願いとは次のようなもの。

(2)「安全運転と書かれた小さなステッカーを車の窓ガラスに貼らせてもらえませんか？」

たったこれだけのことで承諾率を4倍以上に跳ね上げることに成功したのです。

解説すると、被験者たちは、(2)のお願い「安全運転と書かれた小さなステッカーを車の窓ガラスに貼らせてもらえませんか？」に同意することで、「私は安全運転に関して関心がある人である！」というコミットメントをしたことになります。

それにより(2)のお願いと関係が深い(1)のお願い「安全運転と書かれた看板を庭に立てさせてもらえませんか？」を承諾しやすくなったわけです。

つまり、一貫性の原理が働いたわけですね。

■「コミットメントと一貫性の原理」を営業に活用する方法

では、この心理法則はどのように営業に活用できるでしょう。

おすすめは「顧客の『検討します』を封じ込める」時に使えます。たとえば、プレゼンテーションの直前に、次のトークを使ってみましょう。


「普段皆さんにもお願いしているのですが、もしも商品の内容に納得していただけましたら、この場でスタートしていただく形でもよろしいでしょうか？」

これは私が**「即決トーク」**と呼んでいるもののひとつです。

即決させられるかは、売上げを上げる上で、とても大切なポイントになります。「返報性の原理」でも触れましたが、顧客の「検討します」を許し、家に持ち帰らせてしまうと、感動レベルが逓減《ていげん》しほぼ確実に失注となるからです。

契約率を高めたいのであれば、即決の契約を取る必要があります。

そこでオススメなのが、「即決」をコミットさせる「即決トーク」です。

顧客視点になって考えてみてください。即決トークに「ＹＥＳ」と答えたにもかかわらず、営業マンに「検討します」「家に帰って考えます」と伝えるのって心理的抵抗がありますよね。正直言いにくいはずです。

なぜなら、間接的に「この場で〝購入する〟〝購入しない〟の決断をします！」と約束したようなものですから。このように、即決トークによって「検討します」が言いにくい状態を作り出すことができるようになります。

もう少し詳しく解説すると、即決トークによって「買う」「買わない」という二択に絞り込むことができるわけです。

即決トークがなければ、顧客は前の3つの選択肢を持っているわけですが、多くの場合「検討します」という選択肢に飛びつくことになります。

なぜなら、顧客は商品を欲しいと思っているが、お金を支払いたいとは思っていないからです。つまり、「その場でお金を支払う」という痛みから逃れるために、便利な「検討します」という魔法のセリフを使うわけです。

それを封じ込めることができるのが即決トークなのです。

■ 即決トークのコツ

最後に、即決トークをする上でのコツについて解説しておきましょう。

それは即決トークで断られないためのトークです。いきなり使ってしまうと少なからず断られてしまう可能性があります。「なんでこの場で決めないといけないの？」と。

なので、即決トークの前に次に紹介する枕詞を添えるようにしてみてください。

【即決トークの枕詞】

「皆さんに、お願いをしているのですが……」

「限定の割引などもございますので……」

「この場でスタートしていただければと思います」

それぞれを簡単に解説していきますね。

「皆さんに、お願いをしているのですが……」という枕詞には、このあと紹介する**「社会的証明」**という心理法則が使われています（46ページ参照）。

社会的証明を簡単に解説すると、「多数派の意見に従いたいと感じる心理傾向」のことです。つまり、前のトークを使うことで、「みんなにお願いしているなら仕方がないか」という形で即決トークへの承諾率を高めることができるわけです。

「限定の割引などもございますので……」という枕詞には、これものちほど紹介する**「希少性の原理」**という心理法則が働きます（60ページ参照）。

希少性の原理とは、「ある対象が限定されることで、それを不当に価値付けしてしまう」という心理傾向のこと。つまり、「限定の割引があるのであれば、仕方がないか」と感じさせることができるのです。

最後に、「この場でスタートしていただければと思います」ですが、これは枕詞というよりは、即決トークの伝え方を変えたものになります。

即決トークを質問形式にしてしまうと、相手から「はい」と合意を得なければならなくなります。しかし、「思います」とある意味〝決定事項〟のように伝えることで、相手の心の中で「ＹＥＳ」というコミットメントを得ることができるわけです。

もちろん、実際に「はい」と発言させた方が、心の中の「ＹＥＳ」よりもコミットメントを最大化させることができます。ただ、「ＮＯと言われたらどうしよう……」などと口頭で「ＹＥＳ」をもらうことにストレスを感じる営業マンもたくさん見てきました。なので、即決トークに慣れていない方は、まずは心の中の「ＹＥＳ」を取り付けることを意識してみましょう。

3

社会的証明

多数派の意見に従ってしまう心理傾向

社会的証明をシンプルに言えば、**「多数派の意見に従うと安心する」**という心理です。たとえば、行列ができているラーメン屋があると、ちょっと気になる、もしくは入ってみたいと思ったことがあるのではないでしょうか。

というのも、「行列ができている＝美味しいに違いない」と無意識に感じてしまうからです。つまり、私たちは**人気なものであればあるほど、それに安心感を覚え、無意識に選択しようとする**のです。

ほかにも、新しいスマートフォンを買う時、「Aプラン」と「Bプラン」という契約形態があったとします。複雑な料金体系が多いため、とても迷ってしまう。そんな時、「ほかの人って、どちらのプランに入っていますか？」と聞いてしまいませんか。

なぜこのようになるかというと、多数派の意見に従うほうが、リスクも少なく安心できるからです。

最後の具体例になりますが、社会的証明は、ネガティブな場面においても発動します。たとえば、ある路地にゴミがたくさん落ちているとする。すると、「だったら私もポイ捨てしていっか」とさっきお店でもらったレシートを捨ててしまったりする。いわゆる**「割れ窓理論」**です。つまり、多数派の取る行動と同じ行動を取るように自分を正当化してしまうのです。

この社会的証明は、様々な経済活動の中に見られます。映画でも、音楽でも、家電でもなんでもそうですが、ベストセラー商品が一番売れます。**売れる理由は「みんなが買っているから」、簡単に言えば、「みんなが選んでいることが選ばれる理由」**。社会的に価値があることが証明されているから、皆が欲しくなるのです。

■「社会的証明」の実験

「社会的証明」を証明した社会心理学者ソロモン・アッシュの実験をご紹介します。

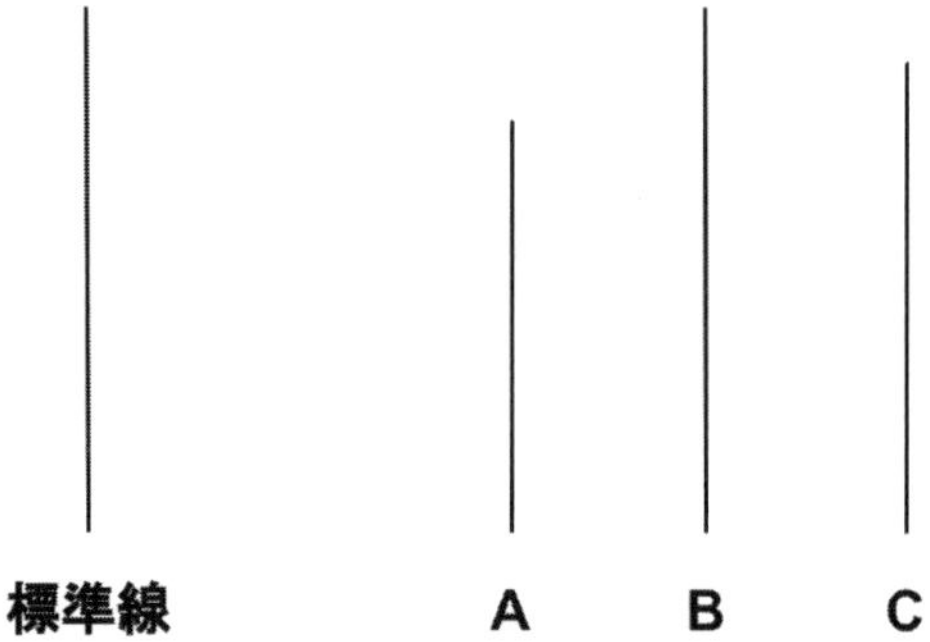

上の図を見てください。「標準線」とA～Cの3本の線が並んでいます。

実験内容としては、7名の被験者に「標準線」と同じ長さの線を、A～Cの「比較線」から選ばせるもの。

あなたはどれを選びますか？

きっと、「B」を選択したはずです。

しかし、実験の結果は、なんと76％の人たちは、BではなくCを選択したのです。

実は、この実験にはあるカラクリがありました。7名の被験者のうち6名はアッシュに雇われた仕掛け人で、6名は「Cだ！」と言い張っていたのです。

もちろん、被験者はこれに驚愕《きょうがく》しますが、これだけ強く主張されると、「6名（仕掛け人）がこれだけ強く主張するのであれば、自分が間違っているかも？」という思考に陥り、最終的には76％の人たちが「C」と答えてしまったというのです。

これが1956年に行われたソロモン・アッシュによる有名な「同調実験」です。

■「社会的証明」を営業に活用する方法

「社会的証明」を営業に使う方法はシンプルです。

あなたの販売する商品・サービスが多くの人に選ばれていることを伝えるのです。

営業でもマーケティングでも、「業界No．1」「総勢1000名の〜」「リピート率90％」「顧客満足度90％」などの言葉をよく目にしますよね。これにより「社会的証明」の影響力を最大化させることができます。

ほかにも、あなたが誘導したいプランがあるのであれば、たとえば**「90％以上の人たちはプランBを選択されますね」などと伝える**のも効果的です。

もし、単価の低いプランCを考えている顧客がいれば、それよりも高いプランB

に誘導することができるので、顧客単価を大幅に上げることにつながります。

さらに、社会的証明は、即決の契約を獲得する上でも、ものすごく効果的な心理法則になります。

たとえば、顧客の中には「どれくらいの人たちはこの場で契約しているんですか？」と即決の契約に不安を抱き、このような質問をする人たちもいます。そんな時は「90％以上の人たちは、この場でご決断されることが多いですね」などのトークをすれば「じゃあ私も契約しようかな」という即決の動機にもなります。

社会的証明を効果的に使うのであれば、前のように「数字」を意識しましょう。もちろん、「多くの人たちはプランBを選択しています」というトークだけではイメージが湧かないですよね。「多くの人ってどれくらい？」という疑問が頭を過《よぎ》ってしまいます。

このようなアバウトな言い方ばかりしていると「この営業マンは適当なことを言っているのでは？」と信頼を失墜させることになりかねません。なので、社会的証明を使う際には、必ず数字を意識しましょう。

なお、**社会的証明において、最も大事なことは、「数字に嘘があってはいけない」ということ**です。

「嘘をついてはいけない」というのは、当たり前の話ですし社会的証明に限らないのですが、つい「90％」「業界ナンバーワン」などの数字を盛って使ってしまう輩があとを絶ちません。

社会的証明として正しく使える数字がある場合は使う。使えない場合は使わないか、伝え方を改めて考えるという意識が大事になっていきます。

嘘の数字によって社会的証明を使うことは、極論、詐欺や誇大広告表示などにもなってしまいますので、数字の使い方には注意しましょう。

4

権威効果

専門家の意見は正しい、従いたいと感じる心理傾向

白衣を着た医者や胸に弁護士バッジを付けた弁護士、スーツをビシッと着こなしたファイナンシャルプランナー。あなたは彼らの発言に疑いの目を向けるでしょうか。もしこの質問にイエスと答えたのであれば、あなたは良くも悪くも相当に用心深い人だと言えるでしょう。しかし、実際にはほとんどの人たちは、弁護士、医者、ファイナンシャルプランナーの発言を疑うことはありません。

なぜなら、「権威効果」が働いているからです。「弁護士だから彼の発言には間違いはない！」と決めつけてしまいます。このように我々は専門家の前では盲目的になってしまいます。

■「権威効果」が働く理由

我々はなぜ専門家の前では、盲目的になってしまうのでしょうか。

結論から言うと、脳のリソース（意志力／ウィルパワーなどと呼ばれています）を節約する手助けとなるからです。脳にはリソースが存在します。我々は、普段この脳のリソースを使って、計算、推論、思考、理解、決断などを行っていると言われています。ただ、このリソースは一日の中で使用できる量が決まっています。たとえば、一日頑張って仕事をして帰宅したら、あとは何もやる気にならなくなりますよね。もちろん、頭を使うなんてもってのほかです。

この例からもわかる通り、すべての物事に対していちいち頭を使っていたら、すぐに脳内のリソースが枯渇してしまい、それ以降、頭を十分に働かせることができなくなってしまうわけです。

まとめると、「権威効果」が働くことで、脳のリソースを使わなくてよくなり、それによって本当に必要なところに脳のリソースを割くことができるようになるわけです。

脳が「白衣を着てるんだったら医者に決まってるじゃん？ しょうもないことに俺の大切な資源を使わないでくれよ〜」と悪態をついているイメージですね。このように、我々の脳は、そのリソースを節約するように進化してきました。

■「権威効果」を営業に活用する方法

「権威効果」では、次に紹介する3つのことを意識しましょう。

①肩書き
②モノ
③服装

①肩書き

肩書きとは、あなたの職業や実績のことです。たとえば、「××大学教授の〇〇です」「合計1000人の指導実績がある〇〇です」など。このように言われると、「すごい人なのでは？」と感じてしまいますよね。

ここでひとつ面白い実験をご紹介します。大学の5つのクラスを対象に行った実験で、ある研究者たちは「ケンブリッジ大学からある人物（仕掛け人）が来た」とそれぞれのクラスに紹介します。その際、それぞれのクラスには、その人物（仕掛け人）の肩書きを別々の形で紹介します。

- 学生として紹介（権威が低い）
- 実験助手として紹介
- 講師として紹介
- 准教授として紹介
- 教授として紹介（権威が高い）

その後、5つのクラスの学生に対して、彼の「身長」についての推測をしてもらいました。その結果、地位が上がるごとに平均して1・5センチずつ身長が高く評価されたのです。「学生」として紹介された場合と「教授」として紹介された場合では、7・5センチも身長に差があったそうです。

肩書きの力は、身長の高さにまで影響を与えてしまったわけです。

我々は、それなりの権威を持つ人に対して、身体が大きいという印象を持っています。つまり、肩書きの力によって、相手に権威を感じさせることができたのです。

②モノ

権威のあるモノを持つことで、それだけで顧客に権威を感じさせることができます。たとえば、メガネ、スーツのバッジ、万年筆、高級バッグなど。これらはすべて権威効果を感じさせられるアイテムと言えます。

ジョージ・キャッスルダインの「見た目の印象はとても重要」という論文の中では、医者が聴診器を持つことは、必要不可欠だと述べています。

なぜなら、どんなに技術力のある医者でも、聴診器を持っていないだけで、信用されないなんてこともあるからです。

③ 服装

権威効果を感じさせるには、服装もものすごく重要です。
ひとつある実験をご紹介します。研究者は、通行人を呼び止めて15メートル先にあるパーキングメーターの側に立っている男性を指差します。そして、

「あそこの駐車場の側に立っている男性に10セント硬貨をあげてもらえませんか？駐車料金を超過してしまったらしいのですが、小銭を持ち合わせていないらしいのです」

とお願いをします。その際、研究者が身につける服装を「普通の服」「警備員の服」という2つのグループに分けました。そして、被験者たちがそれぞれの服装の研究者に対してどれくらいの割合で承諾してくれたのかを観察しました。

結果としては、**普通の服の場合の承諾率は42％だったのに対して、警備員の服の場合は92％**になりました。なんと2倍以上の差をつけて「警備員の服」が勝利したのです。このように、まったく同じお願いをしても、「服装」によって承諾率にこれだけの違いがあることには驚きですね。

営業マンであれば、スーツにもこだわりましょう。いいスーツを着こなすだけでまったくの別人に生まれ変わることができます。特に、普段スーツを着ない顧客を相手にした場合、「スーツ＝しっかりしている人」という印象を持っている人が多く、簡単に権威の渦に巻き込むことができます。

しかし、スーツがほつれていたり、シワがあったりすると、だらしない印象を与えることにつながり権威が失墜してしまうことになりかねませんので、スーツは定期的にクリーニングに出すようにしましょう。

権威効果

専門家・すごい人に
従いたいという心理効果

5

希少性の原理

ある対象に制限がかかると価値を高く見積もってしまう心理傾向

バーゲンセールなどで「限定100個!」「12月31日までの限定!」「会員限定!」などと言われると、その時に必要がなかったとしても、「欲しい!」と感じてしまいませんか。

また、買うつもりなく洋服店に入ったとしても、あなた好みの洋服に「今月限りの30%オフ!」なんていう値札が貼ってあったら即購入してしまったり……。我々は「限定に弱い」などと言いますが、まさに「希少性の原理」による影響と言えます。

ではなぜ、我々はこれほど「希少性の原理」の影響を受けてしまうのでしょうか。

それは希少性が、「失う＝死」という人間の本能に根ざしたものだからと考えられます。

我々がサバンナで生活をしていた時代、何かを失うということは「死」に直結する概念でした。所有している食べ物を失ってしまえば、次いつ手に入るかわからないですよね。

このように、我々の脳には「一度手に取った食べ物をなんとしても失わないように！」としっかりと刻み込まれているわけです。

つまり、サバンナ時代に培った本能によって、何かを失うという「損失」に敏感に反応するようになってしまったのです。だから、ある対象が限定された場合、その価値を高く見積もってしまうのです。

■「希少性の原理」の実験

ここである古典的な実験をご紹介します。

被験者に2つの瓶に入ったチョコレートを評価してもらうという実験を行いました。

その際、チョコレートの入れ物を2つに分けます。

①瓶の中に10枚入ったチョコクッキー
②瓶の中に2枚入ったチョコクッキー

そして、それぞれのクッキーを食べた被験者に、クッキーの味を評価してもらい、価格を設定してもらいました。すると、多くの被験者たちが②のクッキーのほうが、①のクッキーよりも美味しいと評価し、クッキーの値段も高く設定したのです。

実は、この実験にはあるカラクリが用意されており、なんとそれぞれの瓶に入っていたクッキーは同じ味のものだったのです。にもかかわらず、味も値段も②のクッキーのほうが美味しいと評価する結果となったのです。

この実験からもわかる通り、手に入りにくいもの（限定されているもの）にはそれだけ高く価値付けしてしまうということがわかりますね。

■「希少性の原理」を営業に活用する方法

希少性では、次の4つの要素に制限をかけることを意識しましょう。

- **数量**（例：100個限定）
- **日数**（例：3日間限定）
- **会員**（例：チャンネルメンバー限定）
- **即決価格**

数量は、純粋に数に制限を加えることです。たとえば、「限定100個」のような感じですね。日数とは、日付のことで、たとえば、「3日間限定」「今月限りの！」などが良い例ですね。

ほかにも、会員限定などもあります。最近ではサブスクリプションなどが流行っていますが、この類はすべて会員限定というスタイルを取っています。つまり、会員にならないと得られない情報を提供したりなど。たとえば、YouTubeのチャンネルメンバーシップやNetflixなどがそうですね。

最後に、即決価格について解説します。即決価格とは「この場で契約していただけたら、○○円にします」という価格のことです。これは即決の契約を取る上で非常に効果的な戦略と言えます。たとえば、企業に対してSNSマーケティングのコンサルを販売するのであれば、「もしも、この場で契約いただけましたら、アカウント開設費用である10万円はカットいたします」のような感じですね。

■「希少性の原理」を使いこなすポイント

「希少性の原理」を使う上で次のことだけは覚えておいてください。

極端なことを言えば、「**希少性を打ち出す理由はなんでもいい**」ということ。

簡単に言えば、「○○周年記念」「誕生日セール」「クリスマスセール」「リリース記念」「Black Friday」など、商品を限定するための理由はなんでも良いのです。

つまり、何かイベントごとがあれば、その都度、希少性の影響を使うことができるわけです。このような希少性を使ったプロモーションにより、年間での売上げを安定化させることができます。

たとえば、Supreme（シュプリーム）が良い例ですね。シュプリームとは、ストリートファッションブランドであり、希少性を最大限に利用しています。

彼らは限定版のアパレルやアクセサリーを生産し、一度に販売する数を限定しています。これにより、消費者は製品を手に入れるために争い、リセール市場で高額な価格が付けられることがあります。

シュプリームは、希少性によってブランドの価値を高めており、安定した売上を維持しています。

このように、希少性の原理は、売り上げを安定化させる上で非常に大切な心理法則となります。ぜひあなたの営業戦略にも活用するようにしましょう。

6

メラビアンの法則

話し手が聞き手に与える影響を3つに分け数値化した心理モデル

メラビアンの法則の提唱者であるアルバート・メラビアンは、「我々は、次の3つの情報から他者を判断している」としています。

その3つの情報とは、視覚情報、聴覚情報、言語情報になります。

では、それぞれの情報がどれくらいの影響を与えるのかについてですが、メラビアンさんのそれを次のページの図で説明しています。

左ページの図を見ると、「視覚→聴覚→言語」の順に、相手に影響を与えることがわかります。

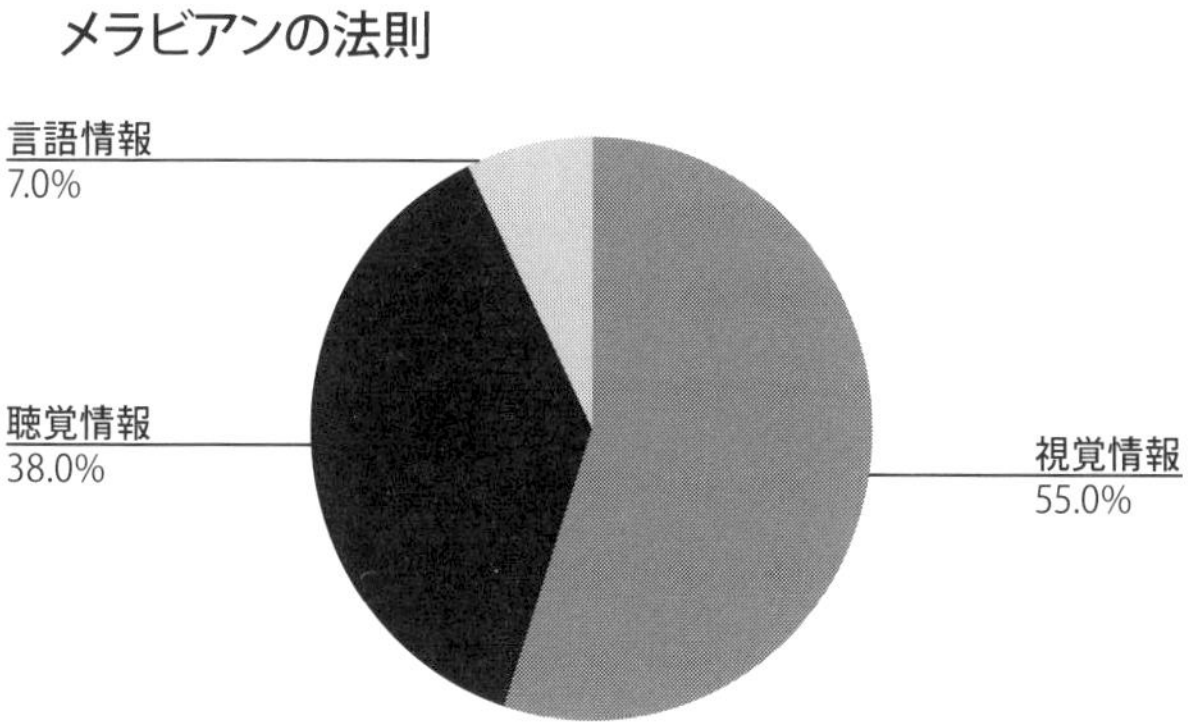

たとえば、「笑いながら怒られる」経験をしたことがありますか。想像しにくい人が多いとは思いますが、ちょっと想像を膨らませてみてください。

きっと、多くの人は、怒られていないと感じるのではないでしょうか。

というのも、見た目（視覚情報）は笑顔で、明るい声（聴覚情報）を出して「いい加減にしろ（言語情報）」と怒られているからです。

ほかにも、「小さな声でやる気を伝える」ことで、怒られた経験はないでしょうか。体育会系の部活動をしていた人なら、この経験があるかもしれませんね。

では、小さな声でやる気を伝えられると、あなただったら、その人をどう評価するでしょうか。

きっと、「やる気がないのでは？」と評価するのではないでしょうか。

それもそのはず、下を向き（視覚情報）、小さな声で（聴覚情報）、「がんばります（言語情報）」と伝えられているのですから。

具体例のラストは、お笑い芸人です。あなたは「人志松本のすべらない話」というテレビ番組を観たことがあるでしょうか。数人のお笑い芸人さんが、一人ひとりすべらない話を披露していくシンプルな企画になります。

もちろん、そこでは数々のお笑い芸人さんが会場の人たちを爆笑の渦に巻き込んでいるわけですが、ここでひとつ衝撃的なことをお伝えします。

それは、スピーカーのすべらない話の内容自体はそこまで面白いわけではないということ。というのも、何が面白さを際立たせているかと言えば、そのほとんどが視覚情報と聴覚情報だからです。

それを証拠に、芸人さんの話を文字などに書き起こしてみてください。きっとそれだけで笑える人は少ないはずです。「内容が面白い」というよりも、話し手の表情、言い方、声の大きさ、声のトーンなどによって、面白いと感じているのです。

いかに私たちが「メラビアンの法則」に左右されているかがわかります。

■「メラビアンの法則」を営業に活用する方法

営業のスタートラインに立つには、「言語情報よりも、非言語情報のほうが重要」と認識することです。非言語情報とは、主に視覚情報と聴覚情報のこと。


あなたはメラビアンの法則が持つ究極のメッセージに気づいているでしょうか。

メラビアンの法則では、別に「視覚情報が55％とか、聴覚情報が38％など」といった難しいことを伝えたいわけではありません。

情報そのものではなく、伝え方・伝わり方の違いを理解する必要があるのです。

つまり「何を話すか？」ではなく、情報を「どう伝えるか？」のほうが重要であることが伝えたいわけです。

では、ここからは営業に寄せた具体的な話をしていきましょう。

結論から言えば、**「営業トークに注力し過ぎないようにする」**ことです。

売れない営業マンの多くは、「何を伝えるのか？」ばかりに注意が向いています。

実際に、そういった方々に限って「必殺の営業トークを教えてください！」「クロージングでイエスをもらう営業トークを教えてください！」などと魔法のような言葉を求める傾向にあります。

しかし、これは心理学的に見ても、本質的な質問とは言えません。

もうおわかりの通り、言語情報はそこまでの影響を与えないからです。正直、売れる営業マンは、営業界隈で見ればＮＧである営業トークを使っても売れます。

我々が、**本当に注意を向けるべきは、やはり「非言語情報」**なのです。

わかりやすいところで言えば、〝身だしなみ〟です。

これは視覚情報に訴えかけるものですが、具体的には髪型、お肌、口周辺、服装、靴などですね。想像してみてください。髪型がボサボサで、スーツがボロボロの営業マンを頼りにしようと思うでしょうか。歯が真黄色で、声の小さい営業マンから伝えられる情報に説得力を感じるでしょうか。きっと、多くの人はそう思わないでしょう。

この世の中には必殺の営業トークなどは存在しません。もちろん、契約率を微弱ながら上昇させる営業トークは存在しますが、それによって大きく形勢を逆転させるレベルの営業トークなど存在しません。

実際に、本書でも、営業トークに触れていない心理法則が数々存在しています。たとえば、これ以降に紹介する「初頭効果」「新近効果」「ハロー効果」については、営業トークには言及していません。

しかし、のちほど目を通してもらえばわかりますが、これら3つの心理法則は、顧客に大きな影響を与えるものすごく大切な心理法則になります。


このメラビアンの法則で理解するべきポイントとしてはたったひとつ。

それは**「『何を伝えるか』ではなく『どう伝えるか？』を意識する」**ことです。

もし、ここまでの内容を読んで、「じゃあ視覚情報と聴覚情報をフル活用するには何をすればいいの？」と姿勢が前のめりになったのなら、次章以降で非言語情報を充実させる心理法則をたくさん紹介していきますので、ぜひ読み進めてください。

次章では、11の「ラポール獲得の心理法則」を紹介します。

序章の「営業プロセス」のところでも触れましたが、ラポールとは信頼構築のことです。

あなたは他者と信頼関係を構築する上で何か意識していることはありますか。有名なところで言えば、褒めたり、共通点を発見したり、笑顔で接するなどでしょうか。

もちろん、本書ではこれらのことについても触れていくのですが、ここではより多くの武器をあなたに授けます。あまりにも多過ぎれば、営業中に頭が混乱してしまうことになってはしまいますが、武器は多いに越したことはありません。

ぜひ、一つひとつの心理法則にしっかり目を通して理解を深め、実践まで落とし混んでみてください。

第2章

ラポール獲得の心理法則

7

自己開示

他者に自分の内的情報を開示することで、心理的距離が縮まる心理効果

自己開示は、シンプルに言えば相手より先に自分のプライベートな情報を伝えることです。自己開示を行うと、**対人関係をより親密化させる**働きがあるとされています。これはアルトマンとテーラーらが提唱した社会的浸透理論（対人関係の発展と衰退の過程に関して提唱した理論）の中で語られている法則になります。

■「自己開示」が効果的な理由

なぜ自己開示によって関係が親密化するのか。これは第1章で紹介した「返報性の原理」と「一貫性の原理」が関係しています。プロセスを簡単に表すと次の通り。

1　自己開示
←
2　返報性の原理
←
3　他者開示
（2と3を繰り返す）
←
4　コミットメントと一貫性の原理
←
5　好意獲得

会話のスタートで自己開示してから質問をします。

たとえば、「私は休日読書をすることが多いのですが（自己開示）、○○さんは何をされることが多いですか？（質問）」という感じです。

すると、相手の中で「オータニさんも情報を開示してくれたのだから、私も情報を開示しないと……（返報性の原理）」と無意識に感じてしまうのです。

すると相手も「私は、ジムに行くことが多いですね」と開示（他者開示）してくれます。

この「自己開示」と「質問」をセットにして繰り返していくと、徐々に会話が「浅い内容」から「深い内容」への自己開示に変化していきます。

「浅い内容」とは、趣味、出身地、職業といった、いわゆる初対面の時にするような内容のこと。一方で「深い内容」とは、コンプレックスや価値観などの、深い関係にならないとしないような内容のことです。

このような「深い内容」の情報を開示してもらえるようになったら、「コミットメントと一貫性の原理」の影響により、相手から好意を獲得できるようになります。

理由は前述した通り、人は行動や発言と一貫した態度を取るようになるからです。

では、前の内容を具体的に会話形式で整理していきましょう。

オータニ「私は、デジタルに弱いのですが（自己開示）、山田さんには、苦手なことってあるんですか？（質問）」

山田さん「実は、私は営業が苦手なんですよね（他者開示）」

※山田さんの脳「悩みを打ち明けた相手＝オータニ好き（一貫性の原理&好意）」

オータニ「営業が苦手なんですね。ちなみに、具体的にどんなところでそう思うのですか？」

脳の反応は少し極端に書きましたが、流れはこのようなものです。

このように、「自己開示」と「質問」をセットにして使うことで、「返報性の原理」が働き、それが深まると「一貫性の原理」からより好意を獲得しやすくなり、信頼関係の構築がスムーズにできるようになります。

■無限ループ話法

「無限ループ話法」という私が開発した信頼獲得のトークメソッドがあります。

次のような形で会話を進めていくフレームワークです。

1　自己開示

↓

2　質問

↓

3　バックトラッキング

バックトラッキングとは、相手の発言をそのままの形で繰り返すテクニックのことです（詳しくは88ページで解説します）。

このフレームワークには「信頼の獲得」「会話の継続」という2つのメリットがあ

ります。「信頼の獲得」については前述しましたので割愛します。「会話の継続」とは、シンプルに〝会話を半永久的に続けること〟です。会話が途切れ、気まずくなった経験はないでしょうか。その悩みを解決してくれるのが、この無限ループ話法になります。ではイメージできるように具体例を見ていきましょう。

オータニ「私は、休日読書をすることが多いのですが（自己開示）、山田さんは何をされているんですか？（質問）」
山田さん「私は、自宅で映画を観ることが多いですね」
オータニ「映画を観るんですね（バックトラッキング）。私はアクション映画をよく観るのですが（自己開示）、どんなジャンルの映画を鑑賞するんですか？（質問）」
山田さん「ホラー映画を観ることが多いですね」

オータニ「ホラー映画ですか（バックトラッキング）。私もたまにホラー映画を観るのですが（自己開示）、何かオススメのホラー映画ってありますか？（質問）」

山田さん「○○という映画はオススメですよ！　終わったあと、なんとも言えない感じになりました」

オータニ「○○ですか（バックトラッキング）！○○は聞いたことはあるのですが、内容はまったくわかりません（自己開示）。あらすじを教えてもらえますか？（質問）」

山田さん「○○はですねぇ……」

このような具合です。

実際に無限ループ話法を使用する時は、次の2つのコツを意識しましょう。

コツ1　レスポンスを意識する

質問のコツ1は、「相手からのレスポンス」をヒントにして行うことです。

先ほどの例で言えば、山田さんが「私は、自宅で映画を観ることが多いですね」と発言をしてきたら、その中の「映画を観る」をヒントにします。

たとえば、「どんなジャンルの映画を鑑賞するんですか?」という具合に質問をするのです。**「質問のヒントは常に相手が持っている」**と意識しておきましょう。

コツ2　自己開示はほどほどに

自己開示は、無理にすべての発言に入れる必要はありません。というのも、会話が不自然になってしまうからです。

前述した通り、自己開示は他者開示を引き出すための手段です。なので、まだ関係が浅い状態の時は意識的に多く行う必要がありますが、ある程度仲良くなってきたら、そこまで意識する必要はありません。

会話の中に自己開示を無理に入れるのではなく、なるべく自然な会話を優先し、時折、自己開示をする形にしましょう。

最後に補足になりますが、自己開示はダラダラとしないようにすることも大切になります。

たとえば、「私は、休日読書をするのですが……最近読んだ本は心理学系の本で……というのも営業を教える仕事をしていまして……」という感じでダラダラしてしまうと、聞き手も頭が混乱してしまうからです。

なので、自己開示はコンパクトにするということも忘れないようにしましょう。

自己開示

プライベートな情報を
開示すると相手も
開示しようとする心理効果

8

自発的特徴変換

「雰囲気」を「見えるもの」に投影してしまう心理現象

「自発的特徴変換」という文字だけ見ると、一見難しそうに感じるかもしれませんが、非常に簡単です。

たとえば、結婚式のような幸せな雰囲気では、見える異性が魅力的に映ってしまうなんてことがよくあります。だから、「友人の結婚式で出会った人と結婚することになった」という出来事が起こったりします。

これこそ**「場の雰囲気」を「相手」に投影してしまう自発的特徴変換の効果**です。

結婚式とは逆に、葬式のような暗い雰囲気では、見える異性にそういった感情を抱きにくくなります。つまり、相手から好意を獲得したいのであれば、その場の雰囲気作りが非常に大切だということです。

良い雰囲気→相手が魅力的に映る
悪い雰囲気→相手が非魅力的に映る

■オハイオ州立大学での実験

ここでオハイオ州立大学の実験をご紹介します。まず、被験者にある映像を見せます。その映像の中では、Aさんが「Bさんは動物が嫌いで、買い物に行く途中で子犬を蹴り飛ばしたんだよ！」とBさんの悪口を言っています。その時、「被験者がAさんとBさんのどちらにネガティブな評価をするのか」を調べました。

実験結果としては、Aさんと答える被験者が多くなりました。普通、子犬を蹴り飛ばすようなBさんに対してネガティブなイメージを持つ被験者のほうが多くなりそうですよね。しかし、被験者の多くはAさんにネガティブな評価を下しました。なぜなら、次のような方程式が出来上がってしまったからです。

「雰囲気：ネガティブ」＋「見えたもの：Aさん」⇒Aさん＝ネガティブ

つまり、Ａさんが伝える悪口のせいで、映像内の雰囲気はすごく陰鬱《いんうつ》なものになってしまい、被験者たちは、そんな中で見えるＡさんに対して悪い印象を持ってしまったというわけです。

■「自発的特徴変換」を営業に活用する方法

シンプルに言えば、〝**悪い雰囲気**〟**となる要因を徹底的に排除する**ことです。

たとえば、先ほどの実験の内容を借りるのであれば、「人の悪口は絶対に言わない」を徹底する。ほかにも、「気まずい雰囲気」を作らない（これについては、前述した無限ループ話法を使えば、すべて解決します。会話がはずみさえすれば、そのような雰囲気にはならないからです）などです。

また、**「怒りを出さない」は徹底しましょう。**これは当たり前ですが、意外にも表に出してしまう人が多いように思います。

ここで私が実際に経験した話をしようと思います。

私は売られる側として、カフェである保険の営業マンと商談をしていました。

第一印象は「ものすごく魅力的な信念を持つ営業マンだなぁ〜」というポジティブな印象でした。しかし、出会ってから3分ほどの時が流れ、店員さんが注文したコーヒーを持ってきてくれたのですが、ここで事件が発生したのです。

なんと、コーヒーの中に、得体の知れない〝何かのカス〟が入っていたのです。

彼は、それに気づくやいなや、ムッとした表情で「いや、これ取り替えて」と強い口調で店員さんに伝えたのです。私なら、笑いながら「ちょっと何やら得体の知れないカスが入っているので、取り替えてもらえますか？（笑）」と伝えたでしょう。

その瞬間から私は、彼から契約しようとは思わなくなり、次の日に来たＬＩＮＥもスルーすることに（これはこれでよくないですが笑）。

もちろん、営業マンの気持ちもわからなくはないですが、我々営業マンはプロです。そんなことで怒りを出しているようでは三流営業マンと言わざるを得ないでしょう。このように、我々営業マンは、雰囲気作りを大切にしなければなりません。

これは必殺の営業トークを学ぶ以上に大切なノウハウと言えます。

9

バックトラッキング

相手の発言をそのままの形で繰り返すテクニック

バックトラッキングを簡単に言うと「オウム返し」のこと。相手の発言をそのままの形で繰り返すテクニックになります。具体例を見ていきましょう。

オータニ「休日は何をされているんですか？」
山田さん「読書をしています」
オータニ「読書ですか」

バックトラッキングは、非常に簡単に好意獲得できる効果的なテクニックになります。なぜバックトラッキングが効果的なのかについて解説していきます。

■「バックトラッキング」の効果

バックトラッキングには、相手に安心感を与える効果があります。たとえば、次の2つの例をご覧ください。どちらにより好意を感じるでしょうか。

〈例1〉

花子さん「昨日すごく嬉しいことがあったの！」
オータニ「何があったの？」
花子さん「昨日友達とディズニーランドに行ったのね！」
オータニ「うん」
花子さん「そしたら、その日たまたまガラガラで乗りたいアトラクションに全部乗ることができたの！」
オータニ「へぇ〜」
花子さん「しかも、ミッキーとか、ドナルドとかも独占状態だったんだから！」

オータニ「へぇ〜」
花子さん「うん……」

〈例2〉

花子さん「昨日すごく嬉しいことがあったの！」
オータニ「嬉しいこと？」
花子さん「昨日友達とディズニーランドに行ったのね！」
オータニ「ディズニーに行ったんだ！」
花子さん「そしたら、その日たまたまガラガラで乗りたいアトラクションに全部乗ることができたの！」
オータニ「乗りたいアトラクションに全部乗れるってなかなかないよ！　それは嬉しかったね！」
花子さん「しかも、ミッキーとか、ドナルドとかも独占状態だったんだから！」
オータニ「ミッキー独占とかズルイ！」
花子さん「いいでしょ〜！」

いかがでしょうか。明らかに、後者のほうが好意を感じますよね。

なぜなら、**バックトラッキングをすることで、相手は「この人はちゃんと話を聞いてくれている」と感じるようになる**からです。このように、ただ相手の発言を繰り返すだけで、安心感を与え、それにより好意を感じさせることができるのです。

■ 3種類の「バックトラッキング」を使いこなす方法

・事実バックトラッキング
・感情バックトラッキング
・要約バックトラッキング

━ 事実バックトラッキング

相手の言葉をそのまま繰り返す一番オーソドックスなバックトラッキングです。

オータニ「普段、休日は何をされているんですか？」
山田さん「読書をしています」
オータニ**「読書をされているんですね！！」**

感情バックトラッキング

相手の言葉ではなく「感情」をそのままの形で繰り返すバックトラッキングです。

オータニ「最近、調子はどう？」
山田さん「最近、彼氏と別れたんですが、正直かなり気分が落ち込んでいます。しかも浮気ですよ！　すごくイライラします」
オータニ**「それはイライラするね！！」**

感情のバックトラッキングでは、相手の使った感情表現をそのままの形で返すようにしましょう。なぜなら、感情表現は認識にズレが生じやすいからです。たとえば、

「イライラする」と「ムカつく」は似た表現ですが、本人からするとニュアンスが違う場合もありますよね。お互いの表現に勘違いが起こらないようにするためにも、相手の感情表現をそのままの形でバックトラッキングしていきましょう。

要約バックトラッキング

相手の長い話をまとめて繰り返すバックトラッキングです。こちらの質問に対して、長々と回答する人に対して使われるものになります。

オータニ「営業面で、何かお悩みはありますか？」
山田さん「色々ありますけど、主に信頼獲得に不安を感じていて、共通点を発見したりして頑張ってはいるんですけど、なかなかうまくいかなくて……」
オータニ**「信頼獲得に不安を感じているんですね」**

要約バックトラッキングには、「結局、相手は何が言いたいのか？」に意識を向けて話を聞き、必ず〝相手の使った言葉〟をそのままの形で使用するのがポイントです。

10

ザイアンス効果

ある対象への接触回数が増えると、好意レベルが高まる心理傾向

ザイアンス効果は、1968年アメリカの心理学者ロバート・ザイアンスが提唱した法則で、**「単純接触効果」**なんて言われたりもします。

具体例をご紹介しましょう。

たとえば、最初は「怖い」と思っていた人も、繰り返し会っていくうちに仲良くなったりした経験はありませんか。

ほかにも、最初は不快に感じていたテレビCMも、繰り返し接していくうちに慣れたなんてことも。このように、我々はある対象への接触回数が増えると、それに好意を感じやすくなる傾向があります。

ザイアンス効果で大切なことは、「接触時間」よりも「接触回数」が重要ということ。

たとえば、好きな異性から好意を持たれたいのであれば、一日に5時間をともに過ごすよりも、一日1時間を5日で分けたほうが効果的です。

もちろん、好きな人とずっと一緒にいたい気持ちはわかります。ただ、「お付き合いする」という目的を達成したいのであれば、1時間ほどの接触をコツコツ繰り返していくようにしましょう。

■「ザイアンス効果」が発動する理由

実は、ザイアンス効果は、未だ明確な理由がわかっていないようです。ただ、そんな中でも有力な仮説が存在します。

それは、**「知覚的処理流暢性《りゅうちょうせい》の誤帰属《ごきぞく》」**という心理傾向です。これは知覚のしやすさを原因として、物事を判断してしまうという現象のことです。

知覚とは、視覚、聴覚、嗅覚、触覚、味覚などで外界のものを捉えることを指します。たとえば、初めて会った人って、どんな存在かわからないですよね。なので、知覚をフル稼働させることになります。この知覚のフル稼働は大きなストレスであり、そのため我々は、初対面の相手と会う時、ものすごく緊張しやすい傾向があります。しかし、何度も接触していくうちに、その者の存在が明確になるので、知覚をフル稼働させる必要がなくなります。つまり、ストレスが大きく軽減されるわけです。

まとめると、接触回数が増えると、知覚による処理のストレスが軽減されるので、それだけ対象と会うストレスが軽減されていきます。そして、脳はそれを「ストレスが減った＝対象に対して好意があるからに違いない」と誤って解釈してしまう（これが誤帰属）わけです。

これはまだ仮説段階ではありますが、人間の脳の構造について理解を深める知識となることには間違いありません。ぜひ教養のひとつとして覚えておいてください。

■「ザイアンス効果」を営業に活用する方法

営業では、なるべく少ない接触回数で契約を取ることが大切となります。なぜなら、純粋に仕事効率が上がるからです。

たとえば、3時間かけて契約を取るのと、1時間で契約を取るのとでは、明らかに後者のほうが効率はいいですよね。その節約できた2時間をさらに営業活動にあてることができますから。

しかし、あまりにも、時期尚早過ぎる営業は、失注のオンパレードにつながることもあります。なぜなら、「接触回数が少ない」ということは、それだけ相手から好意を獲得しきれていない可能性があるからです。

たとえば、好きな女性がいるとして、彼女はまだ心の準備ができていないにもかかわらず告白してしまったとしたら、ただの空回りで終わってしまう可能性がありますよね。つまり、**戦略的に接触回数を増やすことが大切**なのです。

では、どのように接触回数を設定すれば良いのでしょうか。

一番簡単なのは、営業プロセスで分けることです。

序章でもお伝えしましたが、営業プロセスには、大きく4つの過程が存在します。

①ラポール
②ヒアリング
③プレゼンテーション
④クロージング

ラポールとは信頼の構築を行うフェーズです。

ヒアリングは顧客から情報を引き出すフェーズ（ヒアリングについて第3章で具体的に触れていきます）。

プレゼンテーションとは、顧客の問題を解決するための提案をするフェーズ。

クロージングとは、顧客に契約を迫る最終フェーズです。

これらの営業プロセスは、どれも欠かすことができない非常に大切なプロセスです。

なぜなら、ラポールから一つひとつクリアしていかないと、最後の「契約」のフェーズにいけないからです。

そもそも、営業マンから質問攻めにされたい人はいません。

たとえば、信頼を寄せていないパーソナルトレーナーから、「今の体重は？」「理想の体重は？」「現在課題に感じていることは？」と質問攻めにされたくはないですよね。また、サービスの内容を伝えられていないのに、「いかがですか？」と購入を迫られたらどうでしょうか。

このように営業プロセスは、契約を獲得する上でものすごく大切な概念となります。では具体的に、この営業プロセスをどのように分ければいいのでしょうか。

私やクライアントの経験から4つの接触パターンを掲載しておきます。ただ、業種によっても違ってくることをご了承ください。

1 紹介営業のパターン

①ラポール
②ヒアリング
③プレゼンテーション&クロージング

紹介パターンは、一番多いパターンになります。たとえば、ライフプランナーや不動産投資の営業マンなどがこのパターンでやっていることが多いですね。

2 イベント営業のパターン

①イベント（ラポール）
②ヒアリング
③プレゼンテーション&クロージング

イベントパターンは、自分の強みを活かして信頼を獲得していく方法になります。たとえば、私の友達のライフプランナーは、料理が得意なのですが、それを振る舞うイベントを定期的に開催しています。そして、そのイベントの中で信頼を獲得し、最終的には商談に繋げています。なので、もしあなたに何かしらの特技があるのであれば、それを十分に活用したイベントを開催するのが良いでしょう。

3 勉強会営業のパターン

①勉強会（ラポール）
②ヒアリング&プレゼンテーション&クロージング

勉強会パターンは、イベントパターンと少し似ています。たとえライフプランナーであれば、〝お金の勉強会〟を開いたりするなどして、集めるのもアリですね。このように、勉強パターンは、イベントパターンと違って、販売する商品に直結した催しになりますので、それだけ契約率は高まりやすい傾向にあります。

4 SNS営業のパターン

①SNSなど（ラポール）
②ヒアリング&プレゼンテーション&クロージング

SNSパターンは、成功すればすごくコスパの良い信頼獲得方法です。たとえば、私はYouTubeを運営しているのですが、それを何度も繰り返し視聴してくれた人、つまり接触回数の多い顧客が契約してくれていることがほとんどです。

もちろん、YouTubeではなくても、noteやツイッター、インスタグラム、ブログなどでも大丈夫です。会社に属している営業マンにはあまり縁がないかもしれませんが、個人事業主や経営者は、SNSなどを効果的に使うようにしましょう。

11

初頭効果

最初の印象が記憶に残りやすくなる心理傾向

たとえば、親戚の子どもが大きくなって久しぶりに会うと、子どもの時の印象が強く、大人になった姿でも「可愛い」と感じてしまいますよね。ほかにも、あなたが顧客として、ある営業マンとお店で会う際に、営業マンの店員さんに取る態度が非常にデカかったとします。その瞬間、その営業マンの発言や良い行いがすべてネガティブなものに映るようになります。このように、我々は、最初の印象によって、その対象のすべてを判断してしまう傾向があります。

ちなみに、ある研究では、**最初の印象は2秒で決まり、その印象は半年間も続く**ということがわかっていたりします。つまり、あなたが与えたポジティブな印象は、想像以上に長続きするのです。

■「初頭効果」が起こる理由

そもそも初頭効果は、学習などの分野などで使われる心理法則です。たとえば、50個の単語リストを暗記するとする。その時、先頭の単語は中間や最後にある単語と比べるとリハーサルされる(記憶を保持しようとする)回数が多くなりますよね。

つまり、先頭にある単語が想起されやすくなる(思い出されやすくなる)といったものです。ただ、初頭効果は印象形成にも大きな影響を与えることがわかっています。

その実験をひとつご紹介していきますね。

■ソロモン・アッシュの認知実験

1946年に心理学者のソロモン・アッシュは、次のような実験を行いました。被験者を2つのグループに分けて、ある人物の性格を表した形容詞が羅列されたものを見せ、その人物への印象がどのように変わるかを調べるといったものです。

・グループ1：知的　勤勉　衝動的　批判的　頑固　嫉妬深い
・グループ2：嫉妬深い　頑固　批判的　衝動的　勤勉　知的

よく見るとわかりますが、グループ1、グループ2の違いは、ただ形容詞の順番が変化しているだけです。

グループ1では、ポジティブな形容詞からスタートしているのに対し、グループ2ではネガティブな形容詞からスタートしています。ただ、順番が変わっただけで、本当にその人物への印象など変化するのでしょうか。

実験結果は、グループ1の被験者は、ある人物に対して「ポジティブな評価」をし、グループ2の被験者は、ある人物に対して「ネガティブな評価」をする傾向があったのです。

このように、最初に受けたイメージによって、そのあとの印象が歪められて判断されてしまうのです。これは第一印象がいかに大切なのかを印象付けるソロモン・アッシュの実験でした。

■「初頭効果」を営業に活用する方法

結論から言うと、**「とにかく第一印象をポジティブにする」**ことを意識しましょう。

たとえば、清潔感のある身なりをする、元気良く挨拶をする、笑顔で話すだけでも、相手に与える印象はポジティブになります。

最初に清潔感のあるポジティブな印象を与えることができれば、ちょっとしたミスをしたとしても、「ミスをすることは誰にだってある」などと、行動全般を好意的に解釈してもらえたりするようになります。

同時に、**「ネガティブなアクションを行わない」**ことも徹底しましょう。

たとえば、イライラした表情をしたり、遅刻をしたりなど。ネガティブな印象は、それ以降であなたが取る行動の多くを悪化させることにつながります。

このように、ポジティブアクションを増やし、ネガティブアクションを減らすことで、顧客はあなたに対してポジティブな印象を抱くようになります。

第一印象は、あなたの営業を左右するということをしっかり理解しましょう。

12

新近効果

最後の印象が記憶に残りやすくなる心理傾向

「会話や出来事の最後の印象が記憶に残りやすい」という心理傾向が新近効果です。

たとえば、あるお店で注文したドリンクがなかなか来なくて、嫌な気持ちになったとします。しかし、最後にお店から丁寧にお詫びされると、その印象が強く残り、最終的にはポジティブな評価に変わるなんてことありますよね。

ほかにも、別れた恋人のことを思い出してみてください。思い出として頭に蘇るのは、大抵「別れた時のこと」ではないでしょうか。

別れた恋人への印象は、「終了時」で決まります。だから、嫌な別れ方をしたら（終了時）、それを最悪の思い出として捉えるようになるのです。

前述した「初頭効果」と同様、「新近効果」も記憶に使われる心理法則です。

たとえば、50個の単語リストを覚えているとして、それを一周しました。それから、単語に関するクイズを出された場合、ひとつ目の単語の情報は忘却されており、最後に見た単語が記憶に残っていますよね。なので、最後の単語が想起されやすいわけです。

もちろん、新近効果は、初頭効果同様に印象形成においても大きな影響を与えます。次にそれを証明する実験をご紹介していきますね。

■「新近効果」の実験

1976年にアメリカの心理学者アンダーソンは、次のような実験を行いました。被験者たちを、弁護士・検事・陪審員の3つに分けて、模擬裁判を行ってもらいます。その際、弁護側と検察側で、それぞれ6つの証言を用意しているのですが、その証言の順番によって、裁判の結果がどのように変わるのかを調べたのです。

グループ1：一方の証言を2つ出して、もう一方の証言を2つ出すことを繰り返す方法で裁判を行った
グループ2：一方の証言を6つ出して、もう一方の証言を6つ出す方法で裁判を行った

実験の結果、どのパターンで裁判を行っても（グループ1の形式でも、グループ2の形式でも）、最後に証言した側が陪審員を説得できる傾向にあったのです。

つまり、**最後に弁護側が証言をすれば弁護側が勝ち、最後に検察側が証言すれば検察側が勝つ傾向にあった**のです。このように、最後の印象のほうが記憶に残りやすく、それが陪審員の判断材料になったわけですね。

■「新近効果」を営業に活用する方法

「新近効果」を使う方法は、受注・失注に限らず、最後の瞬間ほど丁寧かつ最高の対応することです。

たとえば、受注・決済が終わると、その後の対応がお粗末になってしまうことがあります。受注というゴールを達成し気が抜けてしまったり、早く帰りたい感じを出してしまったり。このような非言語的な情報は簡単に伝わります。場合によっては「この営業マンおかしいな……。契約はやめておこうかな」となるかもしれません。

受注・決済後でも、仮に失注したとしても、顧客に悪い印象を与えないのが本当の営業マンです。なので、自分を客観的に見て、ポジティブな表現化を意識しましょう。最後に感謝を伝えたり、丁寧にお見送りしたりするなどするといいですね。

また、営業の別れ際などの最後に、相手の印象に残る深い話をしたり、「今度、役に立つ情報を持っていきますね」「今度、今日の話の続きお伝えしますね」などと伝えたりするのもいいでしょう。特に、次回につながるような話をしておくと、「ツァイガルニク効果」（222ページ参照）によって、相手の興味関心が持続し、次に会うことを意識させることができます。

このように、別れ際は印象をプラスにしたり、次につなげたりするチャンスです。最後の自分の言動を意識して、有効に使っていきましょう。

13

ハロー効果

ある突出した特徴に引っ張られて、そのほかの要素が歪められてしまう心理傾向

ハロー効果は、**「後光効果」**とも言われます。名前の由来は、お釈迦様の後ろの光（後光）から来ており、「後光がある人＝崇拝するべき対象」と捉えてしまうことからその名がつきました。

たとえば、メガネをかけている人に対して「頭が良さそう」「真面目そう」「運動できなさそう」と判断してしまった経験はありませんか。

これは**「メガネ」という突出した特徴によって、「内面」が歪められた結果**ですね。

また、「坊主憎けりゃ袈裟まで憎い」という諺《ことわざ》がありますよね。実は、この諺はハロー効果をわかりやすく説明したもの。

袈裟とは、お坊さんが肩にかける布のこと。つまり、その人（物）を憎むと、それ

に関連した人（モノ）すべてが憎くなってしまうという意味になっています。

■ダニエル・カーネマンの気づき

行動経済学者のダニエル・カーネマンが、学生の論文試験を採点していた時の話。

学生は課題1と課題2という2つの論文試験を行うのですが、カーネマンはそれらの採点を行う際に、あることに気づいたそうです。

それは「採点した課題1と課題2の評価が似通っているのでは？」というもの。

つまり、ある学生の課題1が高評価だった場合、課題2が抽象的で理解しがたいものだったとしても、ハロー効果の影響により、それを見過ごしてしまうことにつながるのではないか、と考えたのです。

・課題1（評価がポジティブ）→課題2（評価がポジティブ）
・課題1（評価がネガティブ）→課題2（評価がネガティブ）

このことに気づいたカーネマンは、それ以降、まずは課題1をすべて採点し終えてから、課題2を採点するようになったようです。なぜなら、そのほうがハロー効果の影響を受けずに、正確に採点することができるようになるからです。

■「ハロー効果（後光効果）」を営業に活用する方法

結論として、次の4つのことを意識しましょう。

①見た目
②笑顔
③実績

方法1━見た目

あなたが相手に持ってもらいたいイメージに直結したアイテムを身につけるのは非常に効果的です。たとえば、メガネをかけることで、顧客から「頭が良いに違いない」というポジティブな感情を生起させることができます。

ほかにも、色彩心理で言えば、ネクタイの色をシチュエーションによって変えるのも良いでしょう。たとえば、青いネクタイはプロフェッショナルで落ち着いた印象を与え、緑のネクタイはリラックスした雰囲気を醸成しますし、オレンジのネクタイは親しみやすさとポジティブな印象を与えます。

このように、ワンポイントに工夫を凝らすことで、顧客に与える印象を一気に変えることができるようになります。

ぜひ、あなたの持って欲しい印象を、アイテムによって意図的に作り出すことを意識するようしましょう。

方法2 笑顔

ニコニコと話を聞いてくれる営業マンに対して、どのような印象を持つでしょうか。きっと「良い人」と感じるのではないでしょうか。一方、いつも真顔で話を聞いている営業マンに対してはどのような印象を持つでしょうか。言うまでもなく、「冷たい人」「なんか怖い」とネガティブな評価を下すでしょう。

実は、詐欺師は笑顔を巧みに操り、消費者を騙すことが多々あります。笑顔が宿った詐欺師が提案する規格外の商品は抜群に売れる傾向があります。

たとえば、月利10％の投資の話を詐欺師から提案されたとする。冷静に考えたらそんな商品なんてあるはずがないですよね。一方で、本当だったらいいなという思いがあったとする。その状態で、そこに笑顔が加わると、「この人は嘘つかないいんじゃないか」と無意識に思い込もうとして騙されてしまうという最悪な結果となったりするのです。

ちなみに、私はお恥ずかしながら、投資話に騙された過去があり、認めたくはありませんが、その担当者も笑顔が素敵で魅力的でした。

方法3　実績

あなたが営業会社の人事だとして、次のAさんとBさんのどちらを採用しますか。

Aさん「前職、営業成績が2年連続トップだった」「前の勤務先は大手企業だった」

Bさん「前職はアルバイトだった」「以前の勤務先は中小企業だった」

この情報だけであれば、おそらくAさんを採用しようとするでしょう。

なぜなら、採用後に成果を出してくれる保証があるからです。このように、過去の実績によって、未来を期待される傾向があります。**仮に、現在が普通でも、過去の実績が良いとそれだけで、ポジティブ・ハロー効果の影響を受けてしまう**のです。

なので、何か資格などを持っているのであれば、それを名刺に書く、言葉で伝えるなどして、積極的に伝えるようにしましょう。たとえば、ライフプランナーであれば「FP検定1級」、経営コンサルタントであれば「中小企業診断士」など。

ほかにも、推薦状をもらうのも、実績として効果的です。あなたの販売する商品が某有名人に紹介されたなどですね。

たとえば、かつて日本の女優でモデルの沢尻エリカさんは、自身のインスタグラムでリファカラットという美顔ローラーを使用していることを公表しました。彼女の投稿は多くのフォロワーに見られ、リファカラットの知名度が一気に上がりました。

このように、有名人が使っているというだけで、「安心できる」といった印象を与えることができます。なので、そういった推薦状があれば、積極的に顧客に伝えるようにしましょう。

14

敵意帰属バイアス

他者の言動を〝悪意のあるもの〟と感じてしまう心理傾向

あなたの些細な行動が、相手にとっては「これは悪意のあるものでは？」と捉えられてしまうことが多々あります。これは敵意帰属バイアスによる影響です。

一番わかりやすい例は、煽り運転ですね。たとえば、あなたが右車線を運転していて、左車線に移動したとする。しかし、左車線のちょうど20メートル後ろには、別の車が走行していました。

すると、その車の運転手は、「これは煽ってきているに違いない！」という勘違いを起こし、つまり、悪意のある行動だと感じてしまい、結果、煽り運転という名のカーチェイスが勃発してしまうのです。

ほかにも、身近な例で言えば、既婚者の友達から発せられる「結婚はしないの？」

も敵意帰属バイアスに触れてしまいます。たとえば、あなたは未婚だとして、既婚の友達から前のような質問をされると、「うわ！　マウント取ってきた」と感じてしまうこともあります。友達は、そんなつもりで質問をしたわけではないのに、あなたからすれば、それは悪意のある質問に感じ取れてしまうわけです。

■なぜ「敵意帰属バイアス」が発動するのか

敵意帰属バイアスは、元々備わっている人間の本能です。というのも、原始時代などのまだ我々が動物や他の部族と殺し合いをすることが当たり前だった時代は、外部に対して敵意を感じやすい脳のほうが生存確率を高めることができたからです。

たとえば、自分が所属しないほかの集団が弓を構えてこちらを狙っていたとする。その時に「あの人は、ただ獲物を狩ろうとしているだけだ！」なんて呑気なことを考えていたら、すぐに殺されてしまいますよね。

しかし、「奴らは、こちらに攻撃をしかけてこようとしている（敵意帰属バイアス）」と感じることができれば、闘争・逃走反応を取りやすくなります。

このように、昔は外部の存在を「敵だ！」と感じたほうが生存確率を上げることができたのです。その本能が今もなお残っているのです。

■「敵意帰属バイアス」を営業に活用する方法

「敵意帰属バイアス」を営業で活用する方法は、使うというよりも、いかに「敵意帰属バイアスが発動しないようにするか」が大事です。

身近に、敵意帰属バイアスを発動させてしまう「ある行動」があります。

それが自慢話です。

とくに営業マンであれば自慢話は決してしないようにしましょう。

自慢話を少し小難しく言えば、〝尊ばれることを目的にした話題〟のこと。たとえば「いや～昨日上司から『お前がいなかったら、今回のプロジェクトの成功はなかったよ！』って褒められちゃったよ～」などの内容ですね。

もちろん、純粋にこの発言を喜べる人だったらなんの問題もないでしょうが、多数派の人たちはこの発言に対して「うわ、自慢話だ、ウザイ」と感じるでしょう。

営業活動などで自慢話をしてしまえば、顧客の敵意帰属バイアスを発動させることにつながり、失注につながるおそれもあります。なので、自慢話は絶対にしないことを心がけるようにしてください。

ちなみに、自慢話と根拠はまったくの別物です。前述した通り、自慢話とは、〝尊ばれることを目的とした内容〟。一方で、根拠とは〝主張を強化するための理由〟です。たとえば、「私は、今月1000万円もの売上げを作ることができた！」という発言だけなら自慢話となります。なぜなら、それ自体が目的となっているからです。

しかし、これを理由の形にすれば一気に自慢話感はなくなります。

たとえば、「営業は、質も大切ですが、やっぱり数が重要だと思います（主張）。なぜなら、私はその方法で今月1000万円以上の売上げを作り出すことができたからです（理由）」と言われたらどうでしょう。自慢話ではなく根拠と感じることができませんか。

このように、営業では根拠を伝えるために、自慢話っぽいトークをしなければならない時があります。しかし、そのような時、発言を押し殺すのではなく、ひとつの根拠として正々堂々と伝えるようにしましょう。

15

ベンジャミン・フランクリン効果

他者を助けることで、逆にその人に好意を感じてしまう心理傾向

ベンジャミン・フランクリン効果は、18世紀のアメリカの政治家ベンジャミン・フランクリンにより提唱された心理法則です。

シンプルに伝えると**「誰かを助けると、助けた人が相手に好意を感じる」**心理法則。

ある時、ベンジャミン・フランクリンは、ペンシルバニア州議会の場で、あまり仲の良くない議員Aを味方につけたいと考えました。そこでフランクリンは、議員Aに親切にして好意を得ようとしたのではなく、逆に「本を貸して欲しい」というお願いをしたのです。結果、フランクリンは議員Aと仲良くなることに成功した、というエピソードからベンジャミン・フランクリン効果と名付けられました。

ほかにも、ある女性が海で溺れているとする。それを見かけたある男性がその女性を救ったとする。すると、女性は男性に対して魅力を感じるだけではなく、助けた側の男性も女性について好意を感じるようになるのです。これってものすごく面白い現象ですよね。ではなぜこのような現象が起こるのでしょうか。

■なぜ「助けると、好意を抱く」のか

結論から言うと、「コミットメントと一貫性の原理」の影響によるものです。

先ほどの例で言うと、〝海で溺れていた女性を助ける〟という行動を取ったことで、男性の脳は「助けたということは、この女性に対して好意があるからに違いない」と錯覚を起こすようになります。

というのも、通常我々は、好意のある対象を助けようと感じるからです。つまり、**〝助ける〟という行動と〝好意〟には強い関係性**があります。

まとめると、助けるというコミットメントをすることで、それとは矛盾しない好きになるという態度を取るようになるのです。

■「ベンジャミン・フランクリン効果」を営業に活用する方法

「知らないことは躊躇《ちゅうちょ》なく教えてもらう！」ことが大切です。

営業の業界では「営業マンは知らないことがあってはならない！」という神話があるようですが、これは非常にもったいないことだと断言します。なぜなら、好意獲得の機会をドブに捨ててしまっていることになるからです。

営業マンの多くは、知らないことがあったら、信頼性が下がってしまうから、知ったかぶりをしてしまうことがあるようです。

たとえば、顧客が営業心理学の専門家である私に対して「返報性の原理って知っていますか？」と質問をしてきたとして、私がその法則について初耳だったとします。その時に、「もちろん、知っていますよ」なんて嘘をついてあとでそれがバレた場合、信頼は一瞬で失われます。そうなれば好意の獲得どころではありません。

なので、その時は、「お恥ずかしながら、初めて聞きました。今後の参考にしたいので、ぜひ教えてもらえませんか？」と相手に助けを求めるのです。

これにより顧客に〝助ける〟という行動を取らせることができ、最終的に好意を獲得することができるようになります。

もちろん、専門家として、あなたが営業する商品の業界について知らないことを減らしていくのは大前提です。しかし、もし前のようなシチュエーションに出くわしてしまったら、知ったかぶりをするのではなく、恥じることなく教えてもらうようにしましょう。

■「ベンジャミン・フランクリン効果」を効果的に使う方程式

もしかすると、「でも助けを求めるのって難しくない？」と思った方もいるかもしれません。そうですよね。どんなに小さなお願いでも、助ける側に「面倒臭い……」と思われてしまったら、逆に嫌悪感を抱かれてしまいますからね。

しかし、ある方程式を使うことで、快く助けてもらえるようになります。

それは**「能力を褒める＋助けを求める」**です。
これは私が仕事で、ある企業の食品のショートムービーを撮影していた時の話です。あまりカメラや動画の撮影経験がなかったため、美しくショートムービーを撮影するのに苦戦していました。そこで、私は撮影に同行していた無口なカメラマンに目を付け、彼に次のようなお願いをしたのです。

「先ほどから○○さんの撮影を拝見していましたが、すごく綺麗ですね！（褒め）。何かコツとかってあるんですか？（助けを求める）」

すると、カメラマンは、嬉しそうな態度でその要求を受け入れてくれました。
さらに調子に乗った私は、「もしよかったら、このムービーを一度撮影してみてくださいよ〜」なんてお願いもしたのですが、なんとそれも快くＯＫという結果に。
助けてもらうことは、「悪いこと」と考えるのではなく、好意獲得の一つの戦略と捉え、今後は積極的にお願いをするようにしていきましょう。

ベンジャミン・フランクリン効果

人を助けると
「助けた人」に
好感を持つ心理効果

16

内集団バイアス

自分が所属する集団に属する人をひいきしてしまう心理傾向

「信頼を得るためには、共通点が大切だ！」という言葉を聞いたことはありませんか。

実は、これは「内集団バイアス」が大きく関係しています。

たとえば、ファミリーレストランで食事をしていると、隣の席の人が自分と同じ財布を使っているとする。すると、一度も話をしたことがないのにもかかわらず、その人に対してなんとなく親近感のようなものを持ってしまいませんか。

これが「**自分が所属する集団に属する人をひいきしてしまう心理傾向**」の**内集団バイアス**です。

ほかにも、女性は男性に対して「ガサツ！」などと評価をし、男性は女性に対して「感情的過ぎ！」などと評価したりします。女性視点であれば、女性という自らが所属する内集団の人間（女性たち）をひいきし、自分より外の集団である人間（男性たち）を差別する傾向にあります。つまり、自分が所属していない集団（外集団）の人たちを低く評価してしまう傾向にあるのです。

■「共通点」のメリット

共通点には、ほかの信頼獲得スキルにはないメリットが存在します。一言で言うと、**「即効性」**です。つまり、共通点さえ発見できれば、短期間で他者と距離を縮めることができるのです。

ここで私が実際に経験した話をご紹介します。

私は、高校時代に空手部に所属していたのですが、空手には流派が存在します。私はその中の和道流という流派で空手をやっていました。

ある日、顧客からの紹介である方と会うことになったのですが、なんとその彼も高校時代に空手をやっていたのです。しかも、流派も一緒で和道流でした。その瞬間、二人の話は空手あるあるの話に突入し、3分ほどで一気に距離を縮めることに成功したのです。

さらに、ただ仲良くなるだけではなく、私が自身の商品の話をする前から「僕、オータニさんからだったらもう購入しちゃいますよ?」なんて言う始末。

結果、受注することに成功したのですが、驚くべきことに、全商談時間は50分ほどでした。普段は短くても90分くらいはかかっていたのですから、共通点によってかなりの時間を節約することができたことがわかりますね。

■「内集団バイアス」の実験

ひとつ面白い実験を紹介します。被験者たちに「医師」「弁護士」「ウエイター」「美容師」の人たちに対する好感度を1~100までの数値で評価してもらいました。ちなみに、被験者たちも「医師」「弁護士」「ウエイター」「美容師」のいずれかになります。

実験の結果は、被験者である「医師」「ウエイター」「美容師」の人たちは、自分と違う職業の人たちを50前後で評価し、自分と同じ職業の人たちを70前後と極めて高く評価する傾向にあったのです。つまり、内集団の人間をひいきしたわけです。

しかし、面白いのはここからです。実は、「弁護士」だけは例外でした。「弁護士」は「自分と違う職業の人」「自分と同じ弁護士の人」それぞれに対して50前後で評価したのです。

では、なぜこのような現象が起きたのでしょうか。結論、「弁護士」の場合は、「弁護士」とは対立関係になることが多いからです。

つまり、「弁護士」からすると、「弁護士」は同じ職業という意味では内集団でありながら、対立するという意味では外集団でもあるのです。なので、弁護士だけは、外集団でもある弁護士の人たちを低く評価したのでした。

■「内集団バイアス」を営業に活用する方法

営業では、なるべく顧客との共通点を発見していきましょう。

次の4つの方法を活用してください。

①事前リサーチ
②共通要素を探す
③要素を抽象化
④相違点から掘る

1 事前リサーチ

紹介で人と会うのであれば、紹介者からSNSのアカウントを教えてもらうようにしましょう。そして、被紹介者のプライベートな情報をリサーチして、あなたと共通点があるかどうか調べます。もし、共通点があるようであれば、会った時にそれに関する質問をしましょう。

たとえば、相手が〝映画鑑賞〟を趣味にしているのであれば、「私は、映画鑑賞が趣味なのですが、○○さんって休日は何をされているんですか?」と質問をする。すると、「私も映画鑑賞が好きなんです!」と食いついてきます。そうなれば相手の内集団バイアスが刺激され、あなたに無意識の好意を感じ始めるのです。

2 共通要素を探す

2つ目、3つ目に関しては、その場で共通点を探す方法です。

共通要素を探すとは、あなたと相手の共通要素のことです。「共通点ではないんだけど、共通要素はある！」といったイメージです。たとえば、相手の中学時代の部活動がサッカーで、あなたはバスケットボールだったとする。一見すると、共通点というう扱いになりませんが、これら2つの「共通要素」を探すことで、共通点扱いにすることができます。

たとえば、「汗をかく、ずっと動く、球技、練習がハード」といった具合に共通する要素を探します。共通要素を発見できたら「私もバスケットボールをやって練習がハードだったんですけど、サッカー部も練習がハードだったんじゃないですか？」と伝えることで、共通要素が共通点のように機能します。

3 要素を抽象化する

たとえば、相手は〝ギター〟を趣味としています。しかし、あなたはギターを触ったことすらない。さて、あなただったらどうしますか。

もちろん、新たに別の質問をすることで、違う共通点を探すのもアリです。しかし、それではもったいない。

こういう時こそ「要素を抽象化」するのです。相手の持つワードを抽象化しましょう。つまり、アバウトな形に変換するのです。

たとえば、「ギター（具体）→音楽（抽象）」ですよね。なので、仮にあなたが音楽好きだったら、「ギター弾かれるんですね！　私も音楽が好きなので羨ましいです！」という感じで伝えることで、内集団の人間になることができるのです。

4 相違点から掘る

前述した方法を使ったとしても、共通点が発見できない場合の対策をお伝えします。

相違点が出てきたら、それについて質問をしていきましょう。

たとえば、私は、高校時代に空手をやっていましたが、あなたは空手どころか格闘技の経験すらなかったとする。そんな時は、「私は格闘技の経験すらないのですが、空手ってどんな競技なんですか？　ちょっと怖いイメージがあるのですが（汗）」と、私の話の内容を深掘りするのです。

すると、相手（私）は、必ず話をしてくれます。自分の経験に対して興味を持ってくれると人は話したいという欲求が生まれます。

あとは78ページで紹介した「無限ループ話法」を使って、話題を掘り進めていき、その中で共通点があれば、または、前述した2つの方法を使うことができれば、それを共通点にしていきます。こうすることで好意の獲得がスムーズに進みます。

まとめると、相手に質問をして、共通点が発見できた、または、前述した2つの方法を使って共通要素を発見できたらそれを共通点とする。

一方で、質問をして共通点が発見できなかった、つまり、相違点が生まれてしまった場合には、そこから質問を使って深掘りし、最終的に共通点を発見していくといったイメージですね。

共通点の発見は、内集団バイアスを発生させ、好意獲得にものすごく大切なテクニックになります。ぜひマスターして使いこなせるようにしていきましょう。

17

フレーミング効果

同じ主張でも表現を変えることで、違う印象を受ける心理傾向

私は、お笑コンビの「ナイツ」が大好きなのですが、あなたはご存じでしょうか。ナイツは、塙《はなわ》さん（ボケ）と土屋さん（ツッコミ）のコンビで、漫才を中心に、浅草で頻繁に漫才を披露しています。

そんな彼らですが、実はフレーミング効果による笑いを取っているネタがたくさんあります。その一部を引用します。

塙さん　「今年のブームと言えば何と言っても、『半沢直樹』でしたよね？最高視聴率42・2％ですって。すごくないですか？　だって、57・8％の

人たちは観てないってことですからね？」

土屋さん「そんな言い方ないだろぉ～」

どこにフレーミング効果が使われているかわかったでしょうか。

結論から言うと、視聴率の件《くだり》ですね。普通に考えたら視聴率42・2％という部分で笑いが取れる要素はどこにもありません。しかし、塙さんは、それを「57・8％は観ていない」という別の角度から説明したわけです。

ここでお伝えしたいことは、**「視聴率42・2％」と「57・8％は観ていない」では、同じメッセージであるにもかかわらず、視点を変えただけで笑いが取れるメッセージに変化する**ということ。世の中には、「伝え方」に関する書籍が数々出版されていますが、ナイツさんのこのネタは、伝え方の重要性がわかる一例ですね。

このように**同じ事象であっても、伝え方の表現を変えることで、与える印象を変えるのが「フレーミング効果」**なのです。

■「フレーミング効果」の実験

被験者である医師たちが、肺ガンの2つの治療法である放射線治療と手術を比べた場合、手術を選択する割合を調べるという実験を行いました。ちなみに、5年後の生存率は手術のほうが高いが、短期的には放射線治療よりも危険という前提です。

まず、医師たちを2つのグループに分けて、それぞれのグループでは手術に関するデータの表現を変えて、それを提示します。具体的には、次のように半分には生存率に関するデータを、もう片方には死亡率に関するデータを見せました。

- **術後1カ月後の生存率は90%です**
- **術後1カ月後の死亡率は10%です**

ここでのポイントは、**2つの情報はどちらも表現は違うものの、メッセージは一緒**であるということです。そして、それぞれのグループの医師たちが、どれくらいの割合で〝手術〟を選択したのかを調べました。

実験の結果をお伝えすると、「術後1カ月後の生存率は90％です」と提示された医者たちは、84％の割合で手術を選択し、「術後1カ月後の死亡率は10％です」と提示された場合には、50％の割合で手術を選択するという結果となりました。

普通に考えれば、どちらも表現は違うものの同じメッセージなので、どちらの割合にも大差がないという結果になりそうですよね。

しかし、この実験ではそうはなりませんでした。というのも、「死亡率」という表現のほうが、それだけ手術に対して悪い印象を与える傾向があるからです。この実験からもわかる通り、同じメッセージでも表現を変えるべきなのがわかりますね。

■「フレーミング効果」を営業に活用する方法

結論から言えば、**相手にネガティブな印象を与える表現は控える**ようにしましょう。

あなたは「嫌い」という表現を頻繁に使っていないでしょうか。もし、頻繁に使用しているようでしたら、それは好意獲得において非常にもったいないことをしていると言わざるを得ません。というのも、この「嫌い」という表現は相手にネガティブな印象を与えてしまうからです。

たとえば、あなたが「このケーキ嫌いです」と顧客に伝えたとする。すると、脳は「嫌い」という表現をダイレクトに受け取ってしまい、あなたに嫌悪感を感じてしまいます。

これは想像してもらえれば簡単に理解できると思いますが、「このケーキ嫌い」と表現する人と「このケーキは好きではない」と表現する人では、どちらのほうが良い人柄だと感じるでしょうか。きっと多くの人たちは後者を選択するでしょう。

以上のことからも、ネガティブワードは好意獲得においてものすごくマイナスな影響を与えてしまうことがわかるかと思います。

しかし、それでもやはりネガティブな表現をしなければならないこともあるでしょう。たとえば、先ほどの例で言えば「嫌い」ですね。あなたは昔からケーキが嫌いで、それをクライアントから勧められた場合、どう表現するのが正解なのでしょうか。
結論から言うと、**「ポジティブ＋否定」**という方程式を使うようにしましょう。というのも、人間の脳は否定語を認識できないという性質があるため、この方程式を使えば、ネガティブな印象を持たれなくなるのです。具体例をいくつか挙げましょう。

「嫌い」→「好きではない」
「汚い」→「綺麗じゃない」
「デブ」→「痩せてない」
「不快」→「心地よくない」
「ダサい」→「おしゃれじゃない」

いかがでしょうか。ネガティブな言葉も前述した方程式を使うとまったく違う印象に変わりますよね。普段から自分の会話で使っている言葉に意識を向け、方程式を使って言い換えるように意識していきましょう。

次の章では、ヒアリングを行う上では欠かせないＳＰＩＮ話法というフレームワーク（型）について徹底的に解説していきます。

ＳＰＩＮというフレームワークに心理法則の要素を付け加えたヒアリングの方法になります。

序章でもお伝えしましたが、ヒアリングとは情報収集であり、営業プロセスにおいてとても重要な部分です。

「ＳＰＩＮ」のフレームワークと一緒に、どのようにヒアリングを行っていけばいいか、を意識して身につけていきましょう。

第3章

ヒアリングの心理法則

ＳＰＩＮ心理話法とは

ここからはヒアリングのフレームワーク「ＳＰＩＮ」の解説をします。

「ＳＰＩＮ心理話法」と聞くと難しいイメージを持つ人もいるかもしれませんが、前述したヒアリングの定義がしっかり頭に入っていればまったく難しくありません。

まずＳＰＩＮ心理話法とは、「Ｓ↓Ｐ↓Ｉ↓Ｎ」という順番に４つの質問をすることで、顧客の現状、理想、課題を引き出すフレームワークです。その４つは次の通り。

①状況質問（situation）
②問題質問（problem）

③示唆質問（implication）
④解決質問（need-payoff）

これらのトークを簡略化すると、次のようになります。

①現状・理想はどんな感じ？
②課題は？
③放置したらやばくない？
④解決しましょうか？

SPIN心理話法は、これくらいラフな感じで覚えておくだけで問題ありません。

ではこれ以降では、それぞれのプロセスの内容とそのポイントについて解説していきますね。

18

SPIN心理話法1 状況質問

現状と理想を引き出す質問

SPIN話法のスタートの「状況質問」とは、「situation」という文字通り、現在の状況や状態を確認する質問です。ただし、現状だけでなく「理想」も一緒に聞いていきましょう。

前述した通り、営業は「顧客の問題解決（「現状」と「理想」のギャップを埋めること）の提案」が仕事です。つまり、「現状」と「理想」がわからなければ、売り込むための商品・サービスも明確になりません。

まずは、「現在の状況（現状）」と「どのようになりたいか（理想）」を質問します。わかりやすいトーク例は、次の通りです。

「いくつか質問をさせていただきたいのですが、今はどのような状況ですか？」

「わかりました。では、理想はどのような状態ですか？」

■現状と理想（S）をうまく引き出す4つの法則

状況質問自体はシンプルですが、うまく引き出すためのポイントが4つあります。

①「現状」と「理想」は、どちらから質問してもOK
②前置きをする
③具体的にする
④人間関係を意識する

法則1 「現状」と「理想」は、どちらから質問してもOK

「現状」と「理想」については、どちらから質問しても問題ありません。
ただ私は、なるべく「理想」から質問をするようにしています。なぜなら、現状からのスタートは、ネガティブな感情を想起させることにつながるからです。

たとえば、私が営業コンサルを販売する時、「現在の売上げはいくらくらいですか？」と最初に質問をしてしまうと、顧客はいきなり自分の恥部を晒さなければならなくなります。

つまり、**現状は、「積極的に晒したくない情報」**であることも多いのです。パーソナルトレーナーを例にすると、いきなり「体重何キロですか？」と尋ねられているようなもの。だから、私は「理想の売上げはどのくらいですか？」という状況質問からスタートし、あとで現状の売上げを聞くことが多いです。

しかし、業種などにより現状を整理してから理想をヒアリングしなければならない場合もあるとは思います。なので、そこまで深く意識する必要はありませんが、このことを念頭に置いて状況質問をするようにしてみてください。

法則2━前置きをする

状況質問をスタートする際は、必ず前置きをしてから行いましょう。

なぜなら、前置きなしでいきなり質問をしてしまうと、顧客に嫌悪感を与えてしまう可能性があるからです。

具体的には次のようなトークになります。


「いくつか質問をさせていただきたいのですが、現状（または理想）はどのような状況ですか？」


こちらについてもパーソナルトレーナーの例を使いましょう。

たとえば、前置きもなしに、いきなり「○○さんの、現在の体重はどのくらいですか？」と質問されたらどう感じるでしょうか。きっと「いきなりそんなパーソナルな質問しないでよ！」と、ネガティブな感情を抱くはずです。

このように、特に「現状」や「理想」の質問については、パーソナルなものが多く、それらについての質問を前置きなしで行えば、嫌悪感を抱かれる可能性があります。

なので、必ず前置きを入れてから、質問をスタートしましょう。

法則3 具体的にする

「現状」と「理想」は、数字を使って具体的にしましょう。

なぜなら、数字に落とし込まないと、顧客の「現状」と「理想」が抽象的になり、提案が難しくなるからです。

たとえば、次のような現状と理想を抱える顧客に対して、何をどう提案しますか。

理想：痩せたい
現状：太っている

このような抽象度の高い現状と理想では、そのギャップが明確にならないですよね。5キロ痩せたいのか、20キロ痩せたいのかで、こちらの提案する手段が変わってきますよね（もちろん、体重に関しては、見た目でなんとなく予想できますが）。

なので、現状と理想については、「大変失礼ですが、現在の体重はどれくらいでしょうか？」「具体的にどのぐらいまでに体重を落としたいとお考えですか？」という感じで、数字に落とし込むことを意識しましょう。

法則4 人間関係を意識する

現状と理想については、人間関係に関わるところまで掘るようにしましょう。
これはｔｏＣ営業の内容になりますので、法人営業をしている方は、読み飛ばしてもらって大丈夫です。
なぜなら、すべての悩み（幸福）は人間関係の悩み（幸福）だからです。ちなみに、これはアドラー心理学を創設したアルフレッド・アドラーにより提唱された考えになります。もしかすると、「それはちょっと言い過ぎじゃない？」と感じる人もいるでしょうが、まったくそんなことはありません。次の例を見てください。

健康の悩み→「お肌が荒れて、好きな〇〇君に嫌われてしまう」
目標の悩み→「同期の〇〇に営業成績で負けたくない」
お金の悩み→「同年代の仲間と比べてお金がない自分は惨めだ」

これを見てもわかる通り、悩みの多くは、人間関係に還元されることがほとんどなのです。ここまで現状と理想を掘ることができれば、顧客にとってあなたは特別な存在となります。

なぜなら、顧客視点に立てば、あなたという存在が〝普段人に言わない情報を開示した特別なあなた〟となるからです。これは、前述した自己開示からの一貫性の原理の影響によるものです。

では、何をすれば人間関係の悩みを引き出すことができるのか。

結論から言うと、**現状や理想に対して「なぜ？」と理由の質問をする**だけです。

たとえば、「100万円稼げるようになりたい」という理想を持つ顧客に対して、「なぜ100万円を稼ぎたいのですか？」と質問します。

すると、「お金が原因で彼女に振られて……」という形の人間関係に関する情報を引き出すことができたりします。

ほかにも、私は、営業コンサルを販売する際には、必ず次のような質問をするようにしています。

「言いたくなければ大丈夫なのですが、○○さんが毎月□万円の売上げを上げたいと思われている理由はなんでしょうか？」

このような質問をすると、「実は、同僚に負けたくないヤツがいて……」「そろそろ子どもも生まれるので……」「女性と遊びたくて……」など人間関係に関する情報を吐露してくれます。

ここで忘れてはならないのは、人間関係に関する情報を引き出すためには、営業プロセスの中のラポールをしっかり形成しておくこと。

ラポールを構築できていない状態で、そのような質問をしても、「なんであなたに言わなきゃならないの？」と顧客に不快な思いをさせてしまうことにつながるからです。

ヒアリングは、ラポールありきで成立する、ということを忘れないようにしましょう。

19

SPIN心理話法2 問題質問

課題を引き出す質問

次は、SPINにおけるP「problem」、問題質問です。

「状況質問（S）」で現状と理想を引き出したら、次に課題を引き出す「問題質問（P）」を行っていきます。

状況質問と問題質問をクリアすれば、ヒアリングの80%を終えていると言えます。理由としてはもうおわかりの通り、営業とは現状と理想のギャップを埋める課題解決の提案をする仕事だからです。

問題質問では、なるべく多くの課題を引き出すことを意識しましょう。

なぜなら、**課題が多いと、それだけ顧客の購入への緊急性が高まる**からです。これは、即決の契約に直結する非常に大切なことです。

たとえば、昔、私は、次のような課題を抱えている顧客と出会いました。

- **信頼関係が築けない**
- **ヒアリングで何をしたらいいのかわからない**
- **緊張してクロージングができない**

ここまで多くの課題を持っていると顧客は、「今のままでは絶対にダメだ！」と感じてしまいます。細かくはお伝えできませんが、これは**「利用可能性ヒューリスティック」**という人間の思考を利用したもの。数が多いとされるだけで緊急性が高いと判断してしまうのです。なので、課題はなるべく多く引き出すようにしましょう。

ちなみに、課題の引き出し方は簡単です。次のような質問をするだけ。

「(現状と理想を引き出したあとに)では、AというB現状からBという理想の状態になるため、強いて3つ挙げるとしたら、どのような課題がございますか？」

ここでのポイントは、「強いて3つ挙げるとしたら」という部分になります。

このように、課題の数を指定して質問をすることで、顧客は複数の課題を見つけようとしてくれます。

たまに営業マンの中に「今抱えてらっしゃる課題はございますか？」という質問をしてしまう人がいますが、これは非常にもったいないです。

なぜなら、そのような質問では「ひとつ出せばいいか」という思考に至ってしまうため、多くの課題を引き出すことができなくなってしまうからです。

もちろん、あとから「ほかにも、課題はございますか？」と続けて質問するのもいいのですが、これだと質問の数が増えてしまい、〝質問攻め〟のような状態になってしまいます。ですので、やはり前述した方法で質問をするのが理想的です。

■ 課題（P）をうまく引き出す2つの法則

① 課題を可視化させる

② 課題のハードルを下げる

法則1 課題を可視化させる

引き出した課題は紙やノート（もしくはデジタルデバイス）に書き込み、顧客に改めて見せるようにしましょう。

なぜなら、これにより顧客の課題意識を強化することができるからです。

たとえば、「あなたの課題はAとBとCです」と口頭で伝えるだけではなく、それらを紙に書いて、提示するほうが、受け手の印象はより強く、大きくなります。

これは営業においてもまったく一緒で、顧客の情報を紙などに書き留めて、あとからそれを見せることで、「こんなに課題があるんだ……」と顧客の問題意識を強化することにつながります。

ちなみに、私は、ヒアリングシートに顧客の課題を書いて、ヒアリングが終わったら、それを見せるようにしています。

法則2　課題のハードルを下げる

「課題はございますか？」と質問をしてしまうと、顧客から課題を引き出すことが難しくなります。なぜなら、課題とか悩みなどと言われると、ちょっと大袈裟なことのように感じてしまうからです。

つまり、「課題がございますか？」という質問をすることで、顧客は「これは大きな課題ではないから伝えなくてもいいか！」と感じてしまい、課題を抽出することができなくなるおそれがあるからです。

たくさんの課題を引き出したいのに、それが堰《せ》き止められてしまうわけですから、これは営業マンにとって大きな機会損失となってしまいます。

そのため、課題を引き出すためには、「課題」というワードのハードルを下げなければなりません。

では、どうすればこのハードルを下げることができるようになるのでしょうか。

結論としては、質問の前に、次のような枕詞を添えるようにしましょう。

「どんなに小さなことでもいいのですが～」

これによって、課題のハードルを大きく下げることにつながり、結果、多くの課題を引き出しやすくなります。

このちょっとした質問の仕方で、顧客から課題を引き出せるかそうでないかに大きな変化が生まれます。なので、課題を質問する際には、前述した前置きを忘れないようにしましょう。

20

SPIN心理話法3 示唆質問

痛みを与える質問

さらに、SPINにおけるI「implication」、示唆質問です。

状況質問（S）で現状と理想、問題質問（P）で課題を引き出したら、次は示唆質問（I）を行いましょう。ちなみに、Implicationとは、含みや暗示という意味です。

示唆質問とは、課題を解決する必要性を感じてもらうための質問になりますので、「相手に痛みを与える質問」だと言えるでしょう。具体的なトークとしては、次のようなものになります。

「今のままで～（理想）な状態にいけそうでしょうか？」

示唆質問の目的は、〝購入への動機を強化すること〟です。つまり、この質問によって、顧客に「このままでは、確かにやばいかも……」と感じさせることができるのです。

加えて、示唆質問のメリットはもうひとつあります。それは、第1章でお伝えした「コミットメントと一貫性の原理」を利用できることです。

示唆質問によって「いけそうにない」という旨のコミットメントを取り付けることで、それと矛盾しない「商品を購入する」という方向へと一貫性が働くわけです。つまり、プレゼンテーションへの移行率やその先の契約率アップにつながっていきます。

■痛み(Ⅰ)をうまく使う3つの法則

①前置きをする
②信頼を強固にする
③無理にする必要はなし

法則1 前置きをする

「状況質問」と同様に、「示唆質問」でも前置きをしましょう。というのも、示唆質問とは、痛みを与える質問であるため、ストレートに伝えると、顧客が嫌悪感を持ってしまう可能性があるからです。

そうならないためにも、次のような前置きをしてください。

「これは確認のために、皆さんにお伺いしているのですが、○○さんは、今のままで現状から理想へいけそうだと感じましたか？」

これにより、顧客に「なんだ！ みんなに聞いていることなんだ」と思ってもらえます。つまり、顧客を責める目的で使っているわけではないと認識してもらえるのです。

ほかにも、ちょっと臭いセリフではありますが、「○○さんの人生を変えたいからこそ、あえて質問させていただくのですが……」なども必死で問題解決に挑もうとする姿勢が伝わるトークなので、おすすめです。

法則2 信頼を強固にする

ラポールが不十分だと、「示唆質問」は相手に相当な嫌悪感を与えることになります。前述した通り、「示唆質問」は、痛みを与える質問だからです。

具体的には、信頼が強固ではない状態で「示唆質問」をしてしまうと、「なんでお前に言われないといけないの！」となりやすいのです。

これはすべての営業トークに言えることですが、〝営業トークはただのテクニック〟に過ぎません。つまり、契約を大きく左右するものではないということ。

大切なのは、その営業トークに至るまでのプロセスであり、そのプロセスが完璧であるからこそ効果を発揮するのです。

プロポーズがいい例です。

たとえば、「プロポーズをする時、『○○ちゃんのことが好きだ！』と全力で伝えたほうが、イエスをもらえる確率が上がりますよ！」という必勝恋愛トークなどを教えている恋愛コンサルは野暮と言えるでしょう。

なぜなら、大切なことは、そのプロポーズに至るまでの過程だからです。相手のことを理解しようという姿勢、困ったことがあれば全力で助ける、時には贈り物をするなど。

これらのことを疎かにしてトークだけを全力で伝えても、プロポーズが成功する可能性は著しく低下してしまいます。なので、示唆質問をする時は、必ず信頼を強化することを忘れないようにしましょう。

法則3 無理にする必要はない

「示唆質問」は、購入をものすごく前向きに考えている顧客に対しては、無理に行う必要はありません。

というのも、示唆質問の目的は、あくまでも購入への動機の強化だからです。

たとえば、「ここのジムの広告を見て、今すぐにでも通いたいと思っています！」という顧客に対して、わざわざ購入の動機を高める必要ってないですよね。むしろ、示唆質問は、少なからず嫌われる可能性があるトークなので、やる必要がないのであれば、無理に行う必要はありません。

ただ、多くの場合、初めから購入の動機が高い顧客と出会うことはなかなかに少ないと思いますので、特別な例を除いては、やはり示唆質問は入れるべきでしょう。

繰り返しになりますが、示唆質問は顧客の購入の動機を強化する非常に大切な質問になります。

人によっては、示唆質問をするのに気が引けるかもしれませんが、商品を購入し、そして問題を解決してもらう上で非常に大切な質問になりますので、ぜひ積極的に行うようにしましょう。

21

SPIN心理話法4 解決質問

プレゼンテーションに移行するための質問

最後はSPINにおけるN「Need-payoff」、解決質問です。

解決質問とは、顧客を解決に導くプレゼンテーションに移行するための質問だと言えます。

「示唆質問」が終わったら、プレゼンテーションへ移行していく必要があります。

営業において、プレゼンテーションへの移行率はものすごく大切なことですよね。

なぜなら、商品の情報に目を通してもらわなければ、商品購入へと進むことはないからです。当たり前ですね。商品のことを何も知らないのに、購入しようと考える人は相当に変人と言わなければなりません。

では、どうすればプレゼンテーション移行率を高めることができるのでしょうか。
結論、次の「解決質問」トークを使うようにしてください。

「よろしければ、〇〇さんの問題を解決するためのお手伝いをさせていただければと思うのですが、〇分ほどお時間はございますでしょうか？」

シンプルですが、この質問がとても大切です。

■解決質問（N）を使いこなす2つの法則

①伝え方を工夫する
②即決トークを行う

法則1 伝え方を工夫する

伝え方を変えるだけで、プレゼンテーション移行率は大幅に変化します。

あなたは「ご興味ありますか?」「いかがでしょうか?」「どうされますか?」といった移行トークをしていないでしょうか。

もし、このようなトークをしているのであれば、すぐに別の言い方に修正しましょう。なぜなら、このようなトークをされると、顧客は「今から何かを売られるのでは……」といった心理的ストレスを感じてしまうからです。

たとえば、あなたが好意を寄せている女性がいたとする。しかし、その女性は、まだあなたになんの好意も感じていません。さて、その時に、どのようにデートへ誘うのが効果的でしょうか。

いきなり「デートしよう!」と伝えてしまうと、女性は「え! デート!?」とびっくりしてしまい、ある種の心理的ストレスを感じてしまいます。

一方で、「今度、お茶しない?」と伝えると「お茶くらいだったら……」と実質的にデートへ行ける可能性を高めることができます。

このように伝え方の違いで、相手に与えるストレスは大きく変わってきます。

では、どのような移行トークをぶつければ良いのでしょうか。

ポイントは2つあります。

ひとつは、「お手伝い」というワード。

もうひとつは「〇分ほどお時間はございますでしょうか？」というトーク。

まずは「お手伝い」について解説していきます。「お手伝い」というワードを使うだけで、プレゼンテーションへの移行率は大きく変わります。

たとえば、次のトークを見てください。

「よろしければ、〇〇さんの問題を解決するための提案をさせていただければと思うのですが、〇分ほどお時間はございますでしょうか？」

165ページのトークと見比べるとおわかりの通り、「お手伝い」のところを「提案」に変えてみました。

「提案」というワードが使われたトークに対して、あなたはどう感じるでしょうか。きっと「提案」と言われると、「何か売られるのではないか？」といった心理的ストレスを感じませんか。しかし、「お手伝い」と言われると、そのような心理的ストレスを感じにくくなるはずです。

2つ目の「〇分ほどお時間はございますでしょうか?」について解説していきます。こちらについてもNGな例から考えるとわかりやすいかと思います。

〈NG例〉

「よろしければ、〇〇さんの問題を解決するためのお手伝いをさせていただければと思うのですが、弊社サービスにご興味はございますでしょうか?」

このように質問をされると、「売られるかもしれない……」と感じるはずです。というのも、サービスに興味があると回答すれば、売られる方向に話が進んでしまうからです。なので、このような問いには、ものすごくストレスを感じてしまいます。

以上、2つの伝え方について解説してきましたが、ここで大切なことは、常に

「もっとストレスを与えない言い方はできないだろうか？」と考え続けることです。
本書の内容を鵜呑みにするのではなく、「いや、オータニはこう言っているけど、こっちのほうが良いのでは？」と理由を添えて仮説を立て続けることが、あなたの営業力を日々向上させることにつながるのです。

法則2 「即決トーク」に移行する

「解決質問」が終わったら、すかさず即決トークを行います。

「もし、内容にご納得していただけましたら、この場でスタートしていただく形でもよろしいでしょうか？」

第1章でもお伝えしましたが、即決トークでは、次の枕詞を添えてから行うと、「YES」が取りやすいです。
オススメの枕詞を改めてお伝えしておきます。

「皆さんに、お願いをしているのですが……」
「限定の割引などもございますので……」
「この場でスタートしていただければと思います」

即決トークに同意してもらうことで、顧客はクロージングの際に「検討します」という選択ができなくなり、即決の契約率を高めることができます。

具体的に言うと、即決トークによって「検討します」という選択肢がなくなり、「買う」「買わない」という二択までに絞り込むことができます。つまり、「検討します」という一番言われたくない返事を排除することができるのです。

ここまでがSPIN心理話法の説明になります。

きっと、初めてSPIN心理話法を知った方は「ポイントが多くて使うのが難しそう…」と感じたかもしれませんが、そう思うのは当然です。

なぜなら、初めて知ったからです。

たとえば、初めて学んだ数学の連立方程式でも、最初は難しそうだと思っていても、何度もその方程式を使って練習問題を解いているうちに自然と使いこなせるようになっていたはず。SPIN心理話法もこの数学の方程式とまったく一緒です。

まずはSPIN心理話法を紙などに書き出して整理し、あなたの販売する商品に当てはめて、繰り返し使うようにしましょう。

次の章では、プレゼンテーションで使える9つの心理法則を解説していきます。

プレゼンテーションは、商品提案のことです。

あなたはプレゼンテーションで意識していることはありますか。

プレゼン資料を作成する際に意識していることはありますか。

実は、この営業プロセスには、活用できる心理法則がいくつも存在し、そしてこれらを使いこなすことで、契約率の大幅な向上が可能になります。

次の章を読んで、まだ活用していない心理法則があれば、ぜひ追加するようにしていただければと思います。

第4章

プレゼンテーションの心理法則

22

理由付け

主張に対してその理由を付与すること

理由を付けることは、あなたの主張を強化する効果があります。これは最終的にあなたの要求を通す上で非常に大切なスキルになります。

「～です！」「～だと思います！」「～しましょう！」と主張だけをする人たちがいますが、これでは相手を動かすことはできません。

なぜなら、それだけでは理由や根拠がなく納得できないからです。

たとえば、私があなたに対して「やる気で行動をするのはやめましょう！」と伝えたとする。さて、あなたは「じゃあやる気で行動をするのはやめよう！」と決断することができるでしょうか。おそらく相当の私のファンではない限り、「え、なんで？」と疑問を持ち、前の決断をすることはできないのではないでしょうか。

逆を言えば、何かしらの理由を付与することで、人は簡単に行動を起こしやすくなるのです。これを**「カチッサー効果」**と言ったりします。

我々は無意識のうちに特定のメッセージや主張に理由を求める傾向があります。なので、相手を動かしたいと思うのであれば、必ずその理由を添えるようにしましょう。

■エレン・ランガーのコピー機実験

心理学者エレン・ランガーは、コピー機のあるオフィスで次の実験を行いました。コピー機に並んでいる人たちに対して、実験者が「先にコピーをとらせてもらえませんか？」というお願いをします。その時、お願いの仕方を次の3つに分けました。

A「先にコピーをとらせてもらえませんか？（理由なし）」
B「急いでいるので、先にコピーをとらせてもらえませんか？（理由あり）」
C「コピーをとらないといけないので、コピーを先にとらせてもらえませんか？（意味不明な理由あり）」

その時、Ａ・Ｂ・Ｃのお願いの仕方で、被験者がどれくらいの割合いでコピー機を先に譲ってくれるのかを調べました。結論をお伝えすると、Ａ：60％、Ｂ：94％、Ｃ：93％という承諾率でした。

この実験のポイントは、理由を付けることで承諾率が上がることはもちろんですが、Ｃのように**理由が意味不明なものだったとしても、ただ理由を添えるだけで承諾率が高まった**ことです。

よく見るとわかりますが、「コピーをとらないといけないから」なんて理由はどこか不自然ですよね。それでも理由がないよりは、承諾率は上がるのです。

理由付けは効果的です。「……なので」「なぜなら……」などの接続詞を意識的に使っていきましょう。そうするだけでも、主張が受け入れられやすくなるのです。

■「理由付け」を最大限使いこなすＰＲＥＰ法

ＰＲＥＰ法とは、「主張→理由→具体例→主張」という順番で話を進めていくフ

レームワークのことです。この順番で話を進めることで、〝明快さ〟や〝説得力〟を高めることができます。

たとえば、次のような感じで話をしていきます。

主張　：やる気で行動するのは、やめましょう。
理由　：なぜなら、やる気で行動すると、行動にムラが生じてしまうからです。
具体例：たとえば、「仕事を頑張ったし、今日はブログを書かなくてもいいかぁ～」と何かをサボってしまったことはないでしょうか？
再主張：なので、やる気で行動するのは、やめましょう。

では、それぞれのプロセスのポイントを解説していきます。

主張

主張とは、あなたが最終的に伝えたいメッセージのことです。

たとえば、次の文章はすべて主張になります。

「ながらスマホはやめましょう」
「営業は難しいです」
「心理学は重要だと思います」

■理由

理由とは、主張を強化する要素のこと。「なぜなら〜だからです」で終わる内容になります。理由のポイントは、主張との因果関係です。次の文章を見てください。

主張：夜更かしするのはやめましょう。
理由：なぜなら、次の日の仕事に支障が出てしまうからです。

このように、「夜更かしをする」→「次の日の仕事に支障が出る」という原因と結果の関係になっていることが大切です。

具体例

具体例とは、主張と理由をわかりやすくする要素のことで、「たとえば〜」から始まる内容になります。具体例には、いくつか種類がありますが、ここでは非常に使いやすい次の4つをご紹介します。

- **一般**
- **経験**
- **実験**
- **比較**

一般とは、一般的な事例のことです。

たとえば、「営業では、見た目を意識するようにしましょう（主張）。なぜなら、見た目によって、内面まで評価されてしまうからです（理由）。たとえば、メガネをかけた人って頭が良いに違いないと感じてしまいませんか？（具体例）」というように一般的に多くの人たちが感じる事例のことです。

経験とは、自分や他者の経験のことです。

たとえば、「私は〜をして成功しました」「有名な○○さんは、〜をして成功しました」のようなものです。

これは比較的使いやすいのではないでしょうか。

実験とは、前述したエレン・ランガーの実験がまさにそれに当たります。

比較とは、「Aは〜であるのに対して、Bは〜」という形で使う具体例になります。たとえば、「洗い物は、手洗いではなく、食洗機を使うようにしましょう（主張）。なぜなら、時間を大幅に節約できるようになるからです（理由）。たとえば、手洗いだと○分かかってしまうのに対し、食洗機は△分で〜」という感じになります。このような比較を持ち出すことで、より説得力を高めることができます。

具体例を作るのが苦手だという方は、この4つを参考にして作ってみてください。

■再主張

最後に、冒頭で伝えた主張でサンドイッチします。

たとえば、「心理学は大切です！」と冒頭で伝えたのであれば、最後に「だから心理学は大切なのです！」と伝え直すだけ。

では、なぜ改めて主張を伝え直す必要があるのでしょうか。なぜなら、聞き手は、あなたの主張を忘れてしまっている可能性があるからです。たとえば、話をしている時に「あれ？ 何が言いたかったんだっけ？」となった経験はありませんか。

これは、主張のあとに、理由と具体例という〝回り道〟をしてしまったせいで起こる現象。つまり、理由と具体例を伝えているうちに主張が忘却されてしまったわけです。

なので、最後にもう一度、主張を思い出させるためにも、最後に主張でサンドイッチしましょう。

■ＰＲＥＰ法の具体例

最後に私のクライアントが作ったＰＲＥＰ法の文章をいくつか掲載しておきます。ぜひ、あなたが文章を作る際の参考にしてください。

〈PREP法の例①〉

主張：営業では、相手の話をしっかり聞くようにしましょう。

理由：なぜなら、話を聞くことで商品の提案がしやすくなるからです。

具体例：たとえば、あなたが腹痛を訴えているとします。そこで、お医者さんが、「じゃあこの薬どうぞ！」といきなり薬を出してきたら、どう感じますか？「いやいや！まだ何が原因でお腹が痛いかわからないでしょ！」と感じますよね？このように、営業は、相手の話を聞いた上で、商品・サービスを提案する仕事です。

主張：なので、営業では、相手の話をしっかり聞くようにしましょう。

〈PREP法の例②〉

主張：筋肉をつけるにはプロテインを摂りましょう。

理由：なぜなら、筋肉の源となるタンパク質が効率良く摂れるからです。

具体例：たとえば、タンパク質を摂るのに毎日大量の肉や魚を食べるのは大変ですよね。一方で、プロテインであれば、コップ一杯で一食分のタンパク質を確保することでき、非常に効率的です。
主張：だから、筋肉をつけるにはプロテインを摂取しましょう。

〈PREP法の例③〉
主張：主張をしたら、必ず「理由」を添えるようにしましょう。
理由：なぜなら、「理由」を添えることで、説得力を高めることができるからです。
具体例：たとえば、～エレン・ランガーの実験～（前述しました）
主張：だから、何かの主張を伝える際には、必ず「理由」を添えるようにしましょう。

23

ドア・イン・ザ・フェイス

最初に大きな要求をすることで、小さな要求を通しやすくする心理テクニック

「ドア・イン・ザ・フェイス」は、過大な要求をしてから小さな要求を通す技術です。

ここでの説明をするにあたって、大きな要求のことを「フェイク」、通したい小さな要求のことを「ターゲット」と表記します。フェイクとは、通したい要求（ターゲット）を承諾させやすくする「偽の要求」だと考えてください。

実は、初めからターゲットの要求をするよりも、前にフェイクの要求を行うことで、その承諾率を高めることができます。

たとえば、あなたが上司で、部下に割と多めの量の資料の作成を明後日までにお願いしたいと思っていたとする。では、どのようにお願いするのが良いのでしょうか。

次の例をご覧ください。

上司：「この書類を今日までになんとか整理できないかな？（フェイク）」
部下：「いや〜今日中には難しいと思います」
上司：「そうだよね〜。それだったら、明後日まではなんとかなる？（ターゲット）」
部下：「それだったら！」

この場合だと、大きな要求が「今日まで」で、小さな要求が「明後日まで」ですね。

このように、最初にターゲットである小さな要求をするよりも、フェイクである大きな要求をしてからのほうが承諾率を高めることができるのです。

■「ドア・イン・ザ・フェイス」が効果的な理由

結論から言うと、**「譲歩の返報性」**が利用されているからです。

「譲歩の返報性」とは、譲ってもらったら、こちらも譲らなければならないと感じる心理傾向です。仕組みとしては、第1章で解説した「返報性の原理」とほぼ同じです。

上司は、部下の断りに対して「じゃあ、今日までじゃなくてもいいよ！」という形で譲歩しました。つまり、部下からすればプレゼントをもらった状態になるわけです。この時、部下には「断ってしまった……」という罪悪感が残ります。

そのため次の要求である「じゃあ明後日までだったらどう？」というお願いを、断りにくくなってしまい、「私も譲歩してもらったのだから、この要求（ターゲット）についてはは承諾しないと！」と感じてしまうわけです。

■ロバート・チャルディーニの実験

1975年にロバート・チャルディーニが行った有名な実験を紹介します。

被験者の大学生を対象に、「非行少年を2時間ほど動物園に連れて行き、ボランティアをやってもらえませんか？」というお願いをしました。この場合の学生たちの承諾率は17％という結果となりました。

しかし、先ほどのお願いをする前に、ある大きなお願いをすることで、その承諾率が3倍近くに跳ね上がったのです。

それは、「2年間、毎週2回にわたり、非行少年たちのカウンセラーをしてもらえませんか?」というもの。この場合、学生たちの承諾率は51%まで跳ね上がる結果となったのです。つまり、ターゲットをそのまま伝えるよりも、「フェイク（偽の要求）」を断らせてから「ターゲット（真の要求）」を伝えたほうが、承諾率が高まったのです。

この実験からも、先に大きなお願いをしてから、本命である小さな要求をしたほうが、承諾率は高まることがわかりますね。

■「ドア・イン・ザ・フェイス」のポイント

「ドア・イン・ザ・フェイス」には、大きく次の4つのポイントが存在します。

①何度も使わない
②最初の要求が大き過ぎないこと
③最初の要求と次の要求に間を空けない
④数字を使う

1 何度も使わない

「ドア・イン・ザ・フェイス」は、非常に効果的なテクニックではある一方、**悪い側面を言えば、相手に罪悪感を与えるネガティブなテクニック**とも言えます。

なので、何度も繰り返して使ってしまうと、相手から「無理なお願いをしてくる厚かましい人」というネガティブな評価を下されてしまいます。

このテクニックは、1接触で1回（多くても2回）に止めるのが良いでしょう。

とはいえ毎回の接触でこのテクニックを使っていれば、それはそれで「今後会いたくない」と思われてしまうので、「ドア・イン・ザ・フェイス」は、ここぞという時に使うようにしてください。

2 最初の要求が大き過ぎないこと

次に、「ドア・イン・ザ・フェイス」で行うフェイクについてですが、フェイクがあまりにも大き過ぎると嫌われてしまいます。というのも、最初から大きな要求をすると、その瞬間に嫌悪感を持たれてしまうからです。

たとえば、明らかに終わるわけがないのに、「この書類を今日中に片付けてくれる?」なんて要求をしてしまえば、「そんなの無理に決まっているでしょ。厚かましい人だな」などと思われてしまいますよね。

これでは、次に届けるターゲットを通せなくなってしまいます。

なので、**フェイクは、ターゲットよりも少し大きめにする**ことを意識しましょう。

3 最初の要求と次の要求に間を空けない

さらに**フェイクとターゲットは、間を空けないように行う**ことも大切です。

なぜなら、フェイクによる罪悪感には賞味期限があるからです。人間の感情は逓減していくものだということは前述しました。

つまり、一番罪悪感を感じている瞬間にターゲットを出さなければ、それに応えてもらえなくなってしまうのです。なので、フェイクを出して断られたら、すぐさまターゲットを出すようにしましょう。

4 数字を使う

最後に、「ドア・イン・ザ・フェイス」と数字には大きな親和性があります。というのも、**数字を使ったほうがターゲットとフェイクのギャップがイメージしやすくなるからです。**

たとえば、「3万円貸してくれない？」と伝えてから「じゃあ1万円は？」と伝えるよりも、「5万円貸してくれない？」と伝えてから「じゃあ1万円は？」と伝えたほうが、「1万円くらいだったら……」と納得することができますよね。

つまり、2万円のギャップよりも、4万円のギャップのほうが、お金を貸してもらいやすくなるわけです。ここで忘れてはならないことは、前述した「フェイクを大きくし過ぎない」こと。仮にフェイクで「20万円貸してくれない？」なんてお願いをしようものなら、逆に信頼を失ってしまう可能性がありますから。

■「ドア・イン・ザ・フェイス」を営業に活用する方法

商品の提案をする時は、高額なプランから提案しましょう。

高額なものはある程度断られる前提です。たとえば、ライフプランナーであれば、次のようにあらかじめ見積もりを3つほど用意しておきます。

・月々3万円（フェイク）のプラン
・月々2万円（ターゲット）のプラン
・月々1万円のプラン

まずは月々3万円のプランから提案し断られましょう。そして、次に2万円のプランを提案することで、その承諾率を高めることができます。前述しましたが、くれぐれもフェイクの提案を大きくし過ぎないことが大事です。フェイクの提案があまりにも大き過ぎると、信頼を失うことにつながってしまいます。

「この人お金のことばっかりじゃん」「ちゃんと私の話、聞いていた！？」とならないよう、フェイクは〝**顧客がちょっと頑張れば購入できる提案**〟にしましょう。

24

フット・イン・ザ・ドア

小さな要求をコツコツ通すことで、大きな要求を通しやすくする心理テクニック

先ほどご紹介した「ドア・イン・ザ・フェイス」とは反対に、小さな要求の承諾を得ることで、自然に大きな要求を通す心理技術が「フット・イン・ザ・ドア」です。「ドア・イン・ザ・フェイス」と同様、フェイクとターゲットが存在します。

では、実際に具体例を見ていきましょう。

たとえば、男性に高級バッグを買ってもらうため、「フット・イン・ザ・ドア」を使っていくと仮定しましょう。道のりは次のような具合です。

「アイス買ってぇ」（フェイク）

←承諾

「お寿司食べたいなぁ」（フェイク）
←承諾
「服欲しいなぁ」（フェイク）
←承諾
「バッグ欲しいなぁ」（ターゲット）
←承諾

もちろんこの例のように完璧に進むかは別にして、最初から「ターゲット（真の要求）」をストレートにお願いするよりも、「フェイク（偽の要求）」を承諾させたあとのほうが、承諾率を高められます。では、なぜこのような現象が起きるのでしょうか。

■「フット・イン・ザ・ドア」が効果的な理由

結論から言うと、「コミットメントと一貫性の原理」が働くからです。
先ほどの例で言えば、「アイスを奢ってしまったがゆえに、お寿司を奢りやすい状態となり、服を買ってあげやすい状態」になり、「Aを奢ったのだから、Bも奢らなければならない！」と脳が〝お金を出しやすい状態〟へと変化します。

つまり、**「ターゲット（真の要求）」に関連した様々なコミットメントをしてしまったがゆえに、最終的に「ターゲット」の要求に応えやすい状態となってしまう**のです。

なので、ターゲットの承諾率を高めたいのであれば、スモールステップでコツコツと要求をするように意識しましょう。

■「フット・イン・ザ・ドア」のポイント

「フット・イン・ザ・ドア」では、スモールステップを意識しましょう。

スモールステップとは、段差の小さい階段を登るように小さな行動から徐々に「ターゲット（真の要求）」に近づいていくこと。

ただ、これでも十分に効果はあるのですが、理想は「ターゲット（真の要求）」までに多くの「フェイク（偽の要求）」を承諾させることです。そのほうが、よりターゲットの承諾率は高まります。

なぜなら、それだけコミットメントが多いと、それによる一貫性も強化されるからです。つまりは、フェイクについては、ある程度数を意識することが大切です。

■「フット・イン・ザ・ドア」を営業に活用する方法

まずは契約に持っていくまでの〝承諾プロセス〟を見える化しましょう。承諾プロセスとは、次のようなものです。

①5分の時間をもらう（目的：簡単なヒアリング）
②30分ほど時間をもらう（目的：詳細なヒアリング）
③提案の時間をもらう（目的：プレゼンテーション&クロージング）

このような承諾プロセスを作る理由としては、もちろん、「フット・イン・ザ・ドア」の影響を使うことができることは言うまでもありませんが、むしろ大切なのは、それぞれの接触段階でやるべきことが明確になるということころです。

たとえば、「5分ほどお時間をもらう」というプロセスで、やることはたったの2つ。

ひとつは「顧客の現状と理想と課題を簡単にヒアリングする」。

もうひとつは「次回の30分の時間をもらう」。

このようにプロセスの「見える化」をすることで、具体的なアクションに落とし込みやすくなります。

売れない営業マンは、少ないプロセスで契約まで持っていこうとする傾向があります。もちろん、少ない営業プロセスで契約を獲得することは、効率の面ではものすごく大切なことです。さらに、現段階で少ないプロセスで契約が取れているのであれば、それを無理に崩す必要はありません。

たとえば、ヒアリングを2回に分けなかったとしても、契約が取れているのであればそれで問題ありません。しかし、もし現段階で失注続きであるなら、あえてプロセスを増やすということを行ってみましょう。

最後に注意点を挙げると、プロセスを増やすのであれば、それぞれのプロセスで接触する時間は短くしましょう。

なぜなら、それぞれのプロセスに多くの時間をかけてしまうと、それだけ顧客はあなたと接触することにストレスを感じてしまうからです。

たとえば、1回目の接触で1時間、2回目の接触で1時間、3回目の接触で1時間というように営業活動を行ってしまうと、面倒だと感じられてしまいます。

これは最悪の場合、失注につながってしまう可能性もあります。

なので、それぞれのプロセスでは、必ず時間を決めてテキパキ営業を行うようにしていきましょう。

25

両面提示

ある対象のメリットとデメリットの両方を伝える心理テクニック

両面提示は、文字通り「メリット」と「デメリット」の両面を伝えることです。両面提示自体は心理学と無縁のように思えますが、両面提示をするかしないか、またメリットとデメリットのどちらを先に提示するかで相手に与える心理影響は大きく変わります。

そもそも、「わざわざデメリットって伝える必要あるの？」と思われた方もいるのではないでしょうか。

ではなぜデメリットとメリットの両方を伝えたほうがいいのか。

シンプルに言えば、デメリットも一緒に伝えたほうが、顧客は安心感を覚え、信頼を獲得できるからです。

両面提示の具体例を見ていきましょう。

「重量感は増えましたが（デメリット）、こちらの商品は、非常に性能が充実しています（メリット）」

「〇〇という副作用はありますが（デメリット）、この薬を飲むことで、痛みを軽減させることができます（メリット）」

「ちょっと値段は高いですが（デメリット）、A店が出すパスタは絶品です（メリット）」

■両面提示が効果的な理由

もう少し両面提示が効果的な理由についてお伝えします。

片面提示を考えると、両面提示を使う意味が理解しやすいかと思います。片面提示とは、商品のメリットのみを伝える方法のこと。一見すると、「片面提示でも良いのでは？」と感じるかもしれません。

しかし、片面提示にはあるデメリットが存在します。それは、心理的関係がない状態で行うと、胡散臭く映ってしまうところです。商品のメリットだけを伝えられると、「商品の良いところしか伝えてないのでは？　怪しい……」と疑いの目を向けられる可能性が高まります。そして、不安と警戒心を与えてしまうのです。

逆を言えば、信頼関係が構築されている関係であれば、片面提示でもまったく問題ありません。

たとえば、友達から「ここの乾電池めちゃ長持ちだよ〜」と言われても、「そんなハズないのでは？」なんて疑いの目を向けることはありませんからね。

しかし逆に、まだ信頼関係が薄い初めて会った営業マンから、商品のメリットだけを伝えられたらどうでしょうか。会社がしっかりしていて、営業マンに対して相当な信頼を寄せていない限り、ちょっと信じられないですよね。というのも、「まぁそりゃ営業マンだし、良いところしか言わないよね」と感じてしまうからです。

しかし、あえてデメリットもメリットと一緒に伝えることで、顧客から「この人は、わざわざ言う必要がないデメリットまで伝えてくれているのだから信頼できる」と逆に信頼を獲得することができるようになるのです。

■両面提示の実験

ここでは、社会科学者ゲルト・ボーナーの実験を紹介します。ボーナーたちは、次にあるレストランの広告を3種類作りました。

①メリットだけを載せた広告（「くつろいだ気分を～」）

②つながりがないメリットとデメリットを載せた広告（「店内はくつろいだ雰囲気ですが、専用駐車場はありません」）

③つながりがあるメリットとデメリットを載せた広告（「当店は狭いですが、くつろいだ雰囲気です」）

そして、被験者たちが、3つのうちどの広告を高く評価するかを調べました。

結果、②と③の両面提示を利用したメッセージは、ともにレストランのオーナーへの信用を向上させる傾向がありました。

しかし、この実験の面白いところはここから。実は、②と③の評価を比べた時に、レストランへの評価が最も高かったのは③という結果となったのです。つまり、デメリットとメリットの関係性が強いほうが、評価はより高まるということですね。

たとえば、「このスマートウォッチは、見た目は非常にシンプルですが（見た目）、耐久性に優れているため壊れにくいです（性能）」と伝えるよりも、「このスマートウォッチは、防水加工は施されておりませんが（性能）、耐久性に優れているため壊れにくいです（性能）」と伝えたほうが、両面提示の効果を最大化することができます。

なぜなら、前者の例では、「見た目」と「性能」という関係ない要素が比較されていますが、後者では「性能」と「性能」という同じ要素が比較されています。

つまり、後者のほうが、メリットとデメリットに関係性があると言え、両面提示の効果を最大化できることになります。

もちろん、実験結果からもわかる通り、メリットとデメリットの関係が強くなくても、片面提示よりは効果を発揮するため、個人的にはそこまで細かく考える必要はないかと思いますが、一応頭の片隅に入れておくようにしましょう。

■「両面提示」を営業に活用する方法

両面提示を行う際は、「デメリット→メリット」という順番で行うことが大事です。

なぜデメリットから伝えたほうが良いかと言うと、「新近効果」が働き、最後の印象が記憶に残りやすいからです（106ページ参照）。

「重量感は増えましたが、こちらの商品は非常に性能が充実しています」

「〇〇という副作用はありますが、この薬を飲むことで、痛みを軽減させることができます」

「ちょっと値段は高いですが、A店が出すパスタは絶品です」

「メリット→デメリット」という順番で提示してしまうと、「デメリット」のほうが記憶に強化されてしまい、商品への印象が悪くなってしまいます。なので、両面提示を使う時は、必ず「デメリット→メリット」という順番で行うようにしましょう。

26

ゴルディロックス効果

「真ん中」が選ばれやすいという心理傾向

ゴルディロックス効果が営業戦略としてよく使われるのは**「松竹梅の法則」**です。これは聞いたことがあるのではないでしょうか。

この心理法則は、日常のあらゆる場面で使われています。たとえば、マクドナルドのポテトのサイズは「S・M・L」とあります。

ほかにも、吉野家の牛丼も「並盛・大盛・特盛」(今はもう少し増えていますが)。お正月のおせちも「松・竹・梅」に分かれています。では、それぞれの売上げはというと、ほとんどの場合真ん中が選ばれる傾向にあります。

ちなみに、ゴルディロックス効果の由来は、「3匹のくま」という童話から来ています。詳細は省きますが、この童話に出てくる少女の名前がゴルディロックスだったことから、「ゴルディロックス効果」と名付けられました。

■ゴルディロックス効果はなぜ発動するのか

ゴルディロックス効果が作用する理由は複数ありますが、その中でも大きな影響を誇るのが損失回避バイアスです。損失回避バイアスは、214ページで詳しく解説しますので、ここでは定義だけお伝えします。

損失回避バイアスとは、その名の通り「損失を回避したいという心理傾向」のことです。

たとえば、パチンコで負けてしまっているのに、それでもなお、お金を投下してしまうのは、「損失を回避したい」という心理から起こります。では、そんな損失回避バイアスとゴルディロックス効果には、どのような関係があるのでしょうか。

たとえば、選択肢が次の2つしかなかった場合を考えてみてください。

・高額のモデル
・低額のモデル

この場合、それぞれにデメリットがあることがわかるでしょうか。高額のモデルの場合、「性能は優れているけど、価格が高い」というデメリット、低額のモデルの場合は、「価格は安いけど、性能は劣る」というデメリットがあるわけです。

つまり、高額のモデルを選べば、〝お金〟という損をしてしまい、低額のモデルを選べば、〝品質〟という損をしてしまう可能性があるのです。なので、損失回避バイアスの影響からどちらも選ばれない可能性が出てくるわけです。

一方で、次の3種類のプランの場合はどうでしょうか。

・高額のモデル
・中額のモデル
・低額のモデル

見ておわかりの通り、中額のモデルは、先ほどの選択肢が2つの場合と比べると、損失を感じにくくなります。なぜなら、中額の商品は、経済的・品質の側面から見ても、損失が極めて小さく無難だからです。

このように、我々は無意識的に真ん中を選びやすいという心理傾向があることが理解できますでしょうか。

■ゴルディロックス効果の実験

1980年代の古典的な実験を紹介します。まず被験者に、一眼レフカメラとカセットレコーダーのカタログを見てもらいます。カタログには、説明書きや写真と一緒に価格が掲載されているのですが、それを見てもらい被験者に「その中からもしも買うとしたら、これが欲しいと思うモデルをカメラとレコーダーからひとつずつ選んでください」という指示をしました。その時、被験者がどのモデルのカメラとレコーダーを選ぶのかを調べたのです。

結果、選択肢が2つしかない場合、「高いモデル」と「安いモデル」を選ぶ比率が半分半分となりました。しかし、この選択肢に「さらに高額のモデル」を加えると、被験者の2／3が中間価格となったモデル（最初は高額だったモデル）を選び、「一番高いモデル」と「一番安いモデル」が半々となりました。この実験からも、選択肢は2つよりも、3つのほうが良いことがわかりますね。

というのも、仮に最初に、5万円と3万円の2つの選択肢を用意していた時は、購入率が半々だったのにもかかわらず、そこに7万円のモデルを組み込んだだけで、5万円のモデルが選ばれる確率が変わったのですから。選択肢の選択のされ方は絶対的なものではなく、相対的なものであることがわかりますね。

■「ゴルディロックス効果」を営業に活用する方法

顧客に提示する商品は3つにしましょう。もちろん、会社で提供しているプランがひとつか2つしかないという場合は使えません。

ただ、プランが4つ以上の多い場合については、それを3つにまとめて提案するのです。

たとえば、プランが5つある場合、次のように整理します。

Aゾーン（プラン①、プラン②）
Bゾーン（プラン③、プラン④）
Cゾーン（プラン⑤）

顧客がBゾーンを選択したとする。そうしたらプラン③とプラン④の中から選択させるという形で提案するのです。ほかにも、ライフプランナーなど自身でプランを組める場合には、見積り書を作るなら3案作って提案するなどしましょう。

なぜなら、ゴルディロックス効果はさることながら、前述した「ドア・イン・ザ・フェイス（184ページを参照）」の影響も同時に使うことができるからです。

つまり、まずは一番高額のプランから提案をして、そこから「ターゲット」となる真ん中の商品を提案するのです。すると、2つの心理効果により、契約率が上がることは間違いないでしょう。

27

アンカリング効果

先行刺激が基準となって、後続刺激の認知が歪んでしまう心理傾向

アンカリング効果は定義だけ見てもイメージが湧きにくいかもしれません。たとえば、最初に5キロの荷物を持つと、「重い！」と感じますが、最初に10キロの荷物を持ってから、5キロの荷物を持つと「軽い！」と感じてしまうのは経験から想像できますよね。

これは脳が無意識のうちに、最初に持った10キロの荷物を基準化したことによる現象になります。このように、我々の脳は、先行刺激によって、後続刺激の認知が歪んで判断されてしまう傾向があるのです。

■ダン・アリエリーの実験

ここでひとつ面白い実験を紹介しましょう。行動経済学者ダン・アリエリーは、被験者たちに、彼らの社会保険番号の下二桁を確認してもらい、その後ワインとチョコレートの値付けをさせるという実験を行いました。

結果、下二桁が高い数字の被験者（99や88）は、下二桁が低い数字の被験者よりもワインとチョコレートに対して60％から120％も高い値段を付ける傾向があることがわかったのです。

これは数字の低い被験者の付けた値段の平均が1000円だった場合、数字の高い被験者たちは、1600円～2200円の値を付けた計算になります。

この実験からわかることは、**先行の数字と後続の数字に直接的な関係性がなかったとしても、アンカリング効果の影響を受ける**ということ。「社会保険番号」が「ワインとチョコレートの値段」に大きな影響を与えるなんて面白いですよね。

■「アンカリング効果」を営業に活用する方法

営業に活用する方法はもうおわかりの通りです。シンプルに、価格提示をする際は、それよりも前に提供しようとしている価格よりも大きな数字を伝えておくようにしましょう。

たとえば、あなたの販売する商品が30万円であれば、先にそれよりも高い数字を提示しておくのです。主に、次の４つの方法で数字を提示しておくようにしましょう。

- **競合の価格**
- **平均相場**
- **高額プラン**
- **別の数字**

では、この４つの数字を使ったトークを見ていきましょう。

「競合Aの販売価格は40万円なのですが、弊社では30万円で提供しております」

「この業界の平均相場は50万円なのですが、弊社では30万円で提供しております」

「一番高いコースですと50万円になるのですが、○○さんは真ん中の30万円のコースで良いかと思います」

「最近、50万円の冷蔵庫を買っちゃったんですよ〜」


もちろん、これらはあくまで例文で、嘘の数字は使わないようにしてください。

4つ目の「別の数字」とは、あなたの商品価格と関係ない数字のことです。これについては前述しましたが、「先行の数字」と「後続の数字」には関連性がなくても問題ありません。

なので、信頼関係を構築する際に、余裕があれば「50万円の冷蔵庫買っちゃったんですよ〜」のような話題をしておくと良いでしょう。

ただ、これを戦略的に行うことは難しいため、余裕があったらあなたの営業戦略の中に盛り込むようにしてもらえれば問題ありません。

28

損失回避バイアス

損失を回避したいという心理傾向

損失回避バイアスについては、「希少性」でも少し触れましたが、改めて解説していきます。損失回避バイアスを理解するには、パチンコを想像していただければわかりやすいかと思います。

読者の中には「なぜパチンコをする人は借金を抱えてしまうの？」と疑問を感じる方もいるのではないでしょうか。パチンコの経験がなければなおさらそう感じるでしょう。

たとえば、パチンコ台に座って、開始15分で1万円負けたとする。すると、我々はさらにお金を投下しようとしてしまうのです。なぜなら、損失回避バイアスが働き、「なんとしても1万円の損失を取り戻すぞ！」という心理に陥ってしまうからです。

これにより泥沼にハマってしまい、大金を失うことになってしまうのです。これはパチンコに限らず、ギャンブルで借金をしてしまう一連の流れになります。

ほかにも、断捨離が苦手な人たちも損失回避バイアスの影響が考えられます。「モノを捨てられない」という悩みは、「モノを失うことへの恐怖」から来ています。つまり、損失回避バイアスによる影響を受け、「一度手に入れたものだし、次いつ手に入るかわからない。だから失いたくない」と無意識に感じてしまうのです。

以上の例からも、我々は失うことを極端に嫌う傾向があることがわかるのではないでしょうか。

■「損失回避バイアス」の実験

では、損失回避バイアスの思考実験をひとつご紹介します。

あなたは今からコイン投げのギャンブルをします。さて、あなたにとって、次の条件のギャンブルは魅力的に感じるでしょうか。

【ギャンブルA】
・裏が出たら、100ドル失う
・表が出たら、100ドルもらえる

きっと多くの人たちは、このギャンブルを魅力的に思わないでしょう。
なぜなら、「裏が出た時の100ドルを失う」という損失に恐怖してしまうからです。

では、先ほどのギャンブルの条件をちょっと変えてみましょう。

【ギャンブルB】
・裏が出たら、100ドル失う
・表が出たら、200ドルもらえる

Bの条件だったら、魅力を感じる人たちもチラホラ出てくるのではないでしょうか。ただ、これでもやはり魅力的に感じない人たちがいることでしょう。

というのも、実験から「利得」と「損失」が同等の価値になるのは、「利得」が「損失」の1・5~2・5倍になった時ということがわかっているからです。

これを**「損失回避倍率」**と言います。

つまり、このギャンブルで言えば、「利得」が「150~250ドル」にならないと、魅力的に感じられないということです。この思考実験からもわかる通り、我々はそれだけ損失に敏感であり、恐怖を感じているのだといえます。

■「損失回避バイアス」を営業に活用する方法

「利得」を「損失」にフレーミングするのです。

先にも述べた通り、フレーミングとは、あるメッセージを別の表現に変えることで、違った印象を与える心理効果です。

つまり、「○○が手に入ります!」というフレーズを「○○を失ってしまいますよ!」という表現に変えるのです。たとえば、あなたは「化粧品」の営業をしているとします。多くの営業マンは、利得トークで化粧品を勧めることが多いですよね。

【利得トーク】

「○○という成分が入った商品Aを毎日使うことで、お肌にハリが生まれますよ！」

もちろん、このトークでも悪くはないのですが、損失のトークに置き換えることで、さらにインパクトを強化することができます。

【損失トーク】

「○○という成分を定期的に肌に入れていかないと、お肌のハリがどんどん失われていってしまいます」

どうでしょう。損失フレーミングのほうが「購入しないと！」と強く感じたのではないでしょうか。このように、利得フレーミングよりも、損失フレーミングのほうが営業トークとして有効だとわかりますね。

しかし、損失トークには注意点があります。

それは、〝**使い過ぎ・使い方には要注意**〟ということ。

なぜなら、損失トークは、別の言い方をすれば、相手の不安を煽るトークだからです。我々はあまりにも大きな不安に襲われると、それを避けようとする傾向があります。

つまり、損失トークを使い過ぎてしまうと、顧客に「今すぐこの場から離れたい！」と思わせてしまうのです。また同時に「不安を煽って買わせようとしているな」と、当然気づきます。

ですので、損失トークは「ここだ！」という箇所で1回使用することをオススメします。また使い方においても損失を確定的に断言するのではなく、可能性を示してあげる、という形で使いましょう。

■損失トークの効果的な使い方

先ほどもお伝えした通り、損失トークは、あまり使い過ぎると、顧客から嫌われてしまう可能性があるトークです。そのため、使い過ぎには注意なのですが、ここで損失トークの上手な使い方について解説していこうと思います。

大事なのは利得トークと損失トークを使う順番を意識することです。

結論から言うと、**「利得トーク→損失トーク」という順番で伝える**のです。そうすると、大きな嫌悪感を抱かれることなく損失トークを伝えることができます。たとえば、先ほどの化粧品を例に解説するのであれば次のような感じになります。

【利得トーク→損失トーク】

「〇〇という成分が入った商品Aを毎日使うことで、お肌にハリが生まれますよ！ただ、これは言い換えるのであれば、『〇〇を定期的にお肌に入れていかないと、お

肌のハリがどんどん失われていってしまう』という言い方もできます。なので、早めにお肌に入れることをおすすめします」

このように、利得トークから入ったあとに、損失トークにつなげることで、違和感なく不自然に煽らないトークになります。それどころか注意点をアドバイスしている形になり好感も感じてもらえるようになります。

これが最初から損失トークをぶつけてしまうと、相手の嫌悪感を刺激することになります。ですので、最初はジャブとして利得トークを伝え、ポジティブな感情にしてから、損失トークをぶつけるようにしましょう。

29

ツァイガルニク効果

未完了のものに興味や記憶が持続する心理現象

未完了で終わるものには人を惹きつける力があります。

たとえば、テレビなどの連続ドラマは基本良いところで終わるものが多いですよね。視聴者に「続きが気になる！」と思わせ、継続的にドラマを視聴させる狙いです。

テレビ番組の途中でＣＭが入るのも、同じですね。誰でも一度は、番組の途中でＣＭが入り「早く続きを見せろよ！」と思ったことがあるのではないでしょうか。

ほかにも、あなたは、１週間後のテストに向け、英単語の勉強をしているとする。もちろん、テストが終了するまでは、英単語をしっかり覚えているでしょうが、テストが終わると、ほとんどの英単語を忘れてしまう、なんてこともあります。

このように、我々は未完了な事象に対して、興味が湧いたり、記憶に残ったり、想起されやすくなったりする傾向があるのです。

■ツァイガルニク効果の実験

ここで名前の由来になったブルーマ・ツァイガルニクが行った実験をご紹介します。

はじめに、被験者に簡単な作業を複数行わせるのですが、その際被験者を2つのグループに分けます。

グループ① 最後まで課題を完了させてから、次の課題に取り組ませる
グループ② 作業の途中で、次の課題に取り組ませる

すべての課題が終わってから、それぞれの被験者に「先ほどやった課題にはどんなものがありましたか?」と課題の内容について質問をしました。結果、②は①と比べて2倍近く課題の内容を思い出すことができたのです。

■「ツァイガルニク効果」を営業に活用する方法

ツァイガルニク効果を営業に使う一番オススメの方法がクイズにすることです。クイズ形式にすることで誰もが興味を掻き立てられ、耳を傾けさせることができます。ですから、プレゼンテーション中には、必ずクイズを入れるようにしましょう。私の営業資料の冒頭は次の文言からスタートしています。

「売れる営業マンの平均クロージング回数をご存じですか？」

きっと営業マンであれば、このようなクイズはものすごく興味をそそるものなのではないでしょうか。退屈なプレゼンテーションの多くは、聞き手は約10分間ただひたすら話を聞いているだけ。このようなプレゼンテーションでは、聞き手は冒頭こそ集中して話を聞けるでしょうが、3分もすれば途中で飽きてしまいます。

しかし、プレゼンテーションの中にクイズを盛り込むことで、聞き手の注意を継続的にこちらに向け続けることができるようになります。

これは商品・サービスの中身をしっかり理解してもらう上で非常に大切なことです。

ちなみに、私は資料の中に少なくとも3つのクイズを入れるようにしています。イメージとしては、冒頭にひとつ、中盤に2つくらいです。ただし、クイズはプレゼンテーションの最後には入れません。その理由は、資料の最後は基本的にクロージングのフェーズに入っているからです。

■ 3つのクイズの使い方

①数字クイズ
②理由クイズ
③暗示クイズ

1 数字クイズ

数字クイズとは、数字を使った質問のことです。たとえば、「営業では〝5〟という数字がよく使われるのですが、これは一体なんの数字だと思いますか？」など。

2 理由クイズ

理由クイズとは、ある事象についての理由を尋ねる質問をすることです。

たとえば、「なぜ多くの人たちは、継続できないと思いますか？」など。

3 暗示クイズ

暗示クイズとは、〝あること〟という文言を混ぜた質問をすることです。

たとえば、「あることをするだけで、買い手の興味を一気に惹きつけることができるのですが、その方法はなんだと思いますか？」など。

これらのようにクイズを用いることで、相手の興味を一気に惹きつけることができるようになります。今一度あなたのプレゼン資料を確認して、「冒頭はこんなクイズを入れてみよう！」と楽しみながらクイズを作ってみてください。

ツァイガルニク効果

すぐに答えがわからないクイズ
など、未完了なものに対して
興味や記憶が持続する心理効果

30

シャルパンティエ効果

ある対象を視覚的イメージによって認知してしまう心理傾向

シャルパンティエ効果は、あまり聞き慣れない心理法則かもしれませんが、実はこれもあなたの身近に潜む最強の心理法則のひとつです。
この心理法則を説明したあるクイズに答えてもらいましょう。

「1キロの綿」と「1キロの鉄アレイ」があります。
どちらのほうが重いでしょうか？

あなたはなんと答えましたか。まさか「1キロの鉄アレイ」と答えていませんよね。
ちなみに、正解は「どちらも同じ」です。

にもかかわらず、一定数の人たちは、「1キロの鉄アレイ」と答えてしまいます。

なぜなら、「鉄アレイ」という視覚的イメージの影響を受けてしまうからです。

つまり、「鉄アレイ=重い」「綿=軽い」というイメージから、同じ「1キロ」だと言われても、鉄アレイのほうが重いと直感で感じてしまうのです。視覚的イメージがどれだけ重要かがわかりますね。

ほかにも、次のようなキャッチフレーズを見た・聞いたことはないでしょうか。


「レモン100個分のビタミンCを配合！」


きっと、多くの人たちは、このキャッチフレーズを目にした時、「すごい多くのビタミンCが入っているんだな」と感じることでしょう。というのも、「レモン100個分」と言われたら、そのイメージが湧くからです。

では続いて、次のキャッチフレーズをご覧ください。


「ビタミンC2000mg配合！」

前者と後者のキャッチフレーズでは、メッセージはまったく同じです。

つまり、「レモン１００個分」＝「ビタミンＣ２０００㎎」。にもかかわらず、前者のほうが、後者と比べるとかなりイメージしやすいですよね。

このような視覚的情報は、結果として購入率に大きな影響を与えます。なぜなら、繰り返しになりますが、前者のキャッチフレーズのほうが、イメージが湧きやすくなり、「すごく入っている！」と思われやすくなるからです。

このように、同じメッセージだとしても、表現を変えるだけで、メッセージを受信した人への影響が違ってきます。これは前述したフレーミング効果と非常に似たところがありますね。

■「シャルパンティエ効果」を営業に活用する方法

「シャルパンティエ効果」を営業に活用する方法を３つ紹介します。

①図や絵にする
②ビフォー・アフター
③安く見せる

方法1 図や線にする

プレゼンテーションでは、視覚的イメージを意識して作るようにしましょう。

たとえば、ポケットWi-Fiを販売するのであれば、「従来のものと比べると、通信速度が5倍になりました」とテキストで伝えるのではなく、実際に販売しているポケットWi-Fiの画像使い、その周りに勢いよく光が移動しているようなデザインにすることで、それを視覚に訴える表現に変えることができます。

このように、テキストはあくまでも補足程度で記載しておき、画像をメインにして顧客の購入を促していくようにしましょう。

方法2　ビフォー・アフター

ビフォー・アフターは、顧客の購入意欲をかき立てる最強の営業手法と言えます。なぜなら、これを見せるだけで、「私も理想の姿になれるのでは？」と容易に感じさせることができるからです。

たとえば、パーソナルトレーニング業界を震撼させたＲＩＺＡＰは、ビフォー・アフターを使ったＣＭによって、多くの圧倒的な認知を獲得することに成功しました。

このように、ビフォー・アフターは、相手の購入意欲を高める上でものすごく効果的な手法になります。もし、既存の顧客からそれを集めることができるのであれば、ぜひ営業で効果的に使うようにしましょう。

方法3　安く見せる

「安く見せる」という手法が、頻繁に使われているのはご存じでしょう。

あなたが月々３０００円のオンラインサロンをやっていたとする。さて、あなただったら、これをどう伝えて購入へつなげるでしょうか。たとえば、「月々飲み会１回分のお値段で！」と伝えるのはどうでしょう。

このように、あなたの販売する商品をイメージしやすいものに置き換えることで、それを魅力的に見せることができます。

ほかにも、精神科医で作家の樺沢紫苑さんが運営するオンラインサロンは、「ビジネス書1冊の値段で！」というキャッチコピーになっています。「本1冊の値段でオンラインサロンに入れるなら！」と感じてしまいますよね。

伝え方の違いで、相手に与える影響が180度変わるということを理解してもらえたでしょうか。プレゼン資料の中で、ポジティブな表現に変更できる箇所があれば、シャルパンティエ効果を意識して、変えてみましょう。

もちろん、会社側で提供されている資料であれば、資料そのものを変更することはできないと思いますので、その際は、資料を使いながら、あなたの言葉でシャルパンティエ効果を使った表現で伝えるようにしてみてください。

次の章では、クロージングで使える心理法則を6つ紹介します。

クロージングとは営業の締めくくりのことです。つまり、クロージングが成功すれば、ようやく受注という結果となります。

先に結論を申し上げると、クロージングで使える心理法則は、ほかの章と比べると、数が少し少ないです。というのも、クロージングでどうこうしようとしても、契約率に大きな影響を与えることはないからです。

契約率を決めるのは、クロージングまでの営業プロセス。つまり、ラポールやヒアリング、プレゼンテーションが何より大切です。

これらの営業プロセスがしっかりしていれば、クロージング力がなくても、簡単に契約できてしまいます。まるで、背中をちょっと押すだけで、前に倒れてしまうように。だからと言って、クロージングをないがしろにしていいわけではありません。

クロージングでミスをしてしまうと、契約率を大幅に下げてしまうことにつながります。次章では「クロージングでは絶対に使ってね！」という絶対的な心理法則をご紹介していきます。

第5章

クロージングの心理法則

31

誤前提暗示

二者択一の質問により、その中から選択してしまうという心理傾向

好きな異性をデートに誘う時、あなただったらどのように誘うでしょうか。

もしかして「今日、夜ご飯でもどう？」なんて誘い方をしていませんよね。もちろん、女性もあなたに好意を抱いている場合は、その言い方でもデートに漕ぎ着ける可能性はあります。しかし、女性がまだあなたに好意を寄せていないようであれば、別の誘い方をしたほうがいいでしょう。どうすればいいでしょうか。

それは、「誤前提暗示」を使った**二者択一の質問を投げかける**のです。

たとえば、**「今日、昼食か夜ご飯でも行かない？」**と誘えば良いでしょう。理由はのちほど解説しますが、これは恋愛心理学の本などでも紹介されているかなり有名な誘い方になります。

実は、誤前提暗示はマーケティング分野でも使われています。

たとえば、ウェブサイトを使って、会計ソフトのプロモーションをしているとする。最初のゴールとしては、無料で会計ソフトを使ってもらうこと。

無料でサイトを使ってもらうために、サイト内に「無料で始める」というボタンをひとつ設置します。これがオーソドックスな戦略となります。

しかし、断言しますが、これは非常にもったいないことをしています。なぜなら、そのボタンを押してもらえる確率が下がってしまうからです。

では、どうすればボタンのクリック率を高めることができるのでしょうか。

結論、「資料を請求する」というボタンと一緒に、「無料で始める」というボタンも設置しましょう。

なぜなら、この2つのボタンを設置することで、「資料を請求するのは気が引けるけど、無料でスタートするくらいだったら……」と誘導したいボタンへのクリック率を高めることができるからです。

■誤前提暗示が効果的な理由

結論から言えば、**人はもっともらしい「選択肢」が与えられると、その選択肢の中から判断をしやすい傾向にある**からです。

本来は複数の選択肢があるはずなのに（つまり、「NO」という選択肢もあるはずなのに）、「AとBのどちらがいいですか？」という二者択一の質問をされると、AとBの中から判断してしまうのです。先ほどのデートの例をもう一度見ていきましょう。

たとえば、「夜ご飯でもどう？」と誘われると、「行く」「行かない」というNOという選択肢が含まれてしまっていますよね。つまり、女性に「行かない」という選択肢を与えてしまっているわけです。

しかし、「今日、お昼か夜ご飯でも行かない？」と誘えば、「お昼に行く」「夜ご飯に行く」という2つの選択肢しかないと錯覚しやすくなるのです。

このように、誤前提暗示で大切なことは、どちらの選択肢を選んでも結局「YES」

となるような選択肢を与えることです。先ほどの会計ソフトの例でもそうでしたが、資料を請求しても、無料で使ってくれても、どちらにしてもありがたいですよね。

■「誤前提暗示」を使いこなすポイント

①信頼関係を構築する
②選ばせたいものを最後に伝える
③ほかの選択肢も用意しておく

ポイント1 信頼関係を構築する

誤前提暗示を使うのであれば、その前に必ず信頼関係を作っておくことです。

なぜなら、信頼していない相手から「AとBのどっちがいい?」なんて言われても、「どちらも嫌です」となってしまうだけだからです。

たとえば、まったく信頼できない営業マンから「AとBのどちらがよろしいでしょうか?」なんて言われても、「いや、お前から買わないし、なんでそんなこと言われなければならないの？」という気持ちになりませんか。

恋愛のシーンであってもまったく同じ。苦手な異性から「イタリアンかフレンチだったらどっちがいい？」なんて言われても、「そもそもお前と行きたくないし！」となってしまいますよね。

大切なことは、誤前提暗示は、別に魔法のようなテクニックではなく、あくまでも信頼がベースにあるから効果を発揮する心理テクニックであると覚えておきましょう。

ポイント2 選ばせたいものを最後に伝える

二者択一で選択をさせる時、選ばせたいものを後ろに設置しましょう。なぜなら、我々には、後ろの情報のほうがインパクトに残りやすいという傾向があるからです。これは「新近効果（106ページを参照）」が関係しています。

たとえば、プランAとBのうち、Aを選択して欲しいと思うのであれば、「BとAでしたら、どちらがよろしいでしょうか？」といった感じで使うようにしましょう。

ポイント3 ほかの選択肢も用意しておく

こちらが提示した選択肢がどちらも相手に合わないケースもあります。そんな時のために、別の選択肢も用意しておくようにしましょう。

たとえば、営業で「AとBのどちらがよろしいでしょうか？」（プランA）と質問をしてみて、どちらも合わなかったとする。その場合、失注になってしまうので、あらかじめ用意しておいたほかの選択肢をぶつけましょう。

「それでしたら、CとDでしたらどうでしょうか？」（プランB）という感じですね。もしも、その中に顧客の求めているサービスがあれば成約となります。

このように、別の選択肢をあらかじめ用意しておくことは、機会損失を避ける上で非常に大切なことです。

■ 誤前提暗示トークと使い方

最後に、トークと合わせて使い方をお伝えします。

クロージングで大切なことは「すでに購入する前提になっている状態を作ること」

です。つまり、プレゼンテーションが終わったら、すぐに二択クロージングをぶつけるようにしましょう。私がよく使うトークはこちらになります。

「以上で弊社サービスの説明は終わりになるのですが、○○さんはAプランとBプランのどちらがよろしいでしょうか？」

文章を見てもらえればわかるかと思いますが、もう購入することを前提とするトークです。つまり、「購入しない」という選択がない前提となっていますよね。

もちろん、このトークをしても買う意思のない人は、「いや……」と言ってくることもありますが、購入を考えている人、契約するか迷っている人に対しては、背中を押すトークとなり、即決する可能性、つまり契約率を高めることにつながります。

このように、すでに購入することが前提となっているクロージングのことを前提クロージングと言ったりします。

とはいえ、もう少し柔らかめのクロージングのほうがいい場合もありますよね。

やはり前提クロージングと二択クロージングも使ってしまうと、顧客にある程度のプレッシャーがかかることは否めません。なので、そういった場合には、次のクロージングを使ってみてください。

「以上で弊社サービスの説明は終わりになりますが、〇〇さんのご予算はいかがでしょうか？」

まず確認してもらいたいのが、このクロージングが、しっかり前提クロージングになっているというところ。というのも、このクロージングには、「お金に問題がなければ購入する前提で大丈夫だよね？」といった意味合いが込められるからです。

つまり、柔らかくNOという選択肢を排することができるクロージングになります。もし二択クロージングではプレッシャーが強くなってしまうと感じたのであれば、今紹介したクロージングトークを使ってみるようにしてください。

最後にあなたに覚えておいてほしいことがあります。

それは、誤前提暗示は魔法ではないということです。これは心理法則全般に言えることなのですが、「二択で質問したら、必ず契約が取れる」と考えるのをやめましょう。たまに、YouTubeやブログから「二択で質問をしたのに契約がもらえませんでした……」というお悩み相談が来ます。

しかし、それは誤前提暗示の効果がなかったのではなく、それまでの営業プロセスに問題があるからです。

世の中ではこの心理法則が魔法のように紹介されていますが、断言しますが、そんなことは絶対にあり得ません。なので、誤前提暗示は、〝やらないよりはやったほうが良い心理法則〟として捉えておきましょう。

誤前提暗示

二者択一の質問をすると
その中から選んでしまう
心理効果

32

カリギュラ効果

禁止や制限をかけると、逆にしたくなるという心理傾向

「カリギュラ効果」を理解するには、昔話の『鶴の恩返し』『浦島太郎』がわかりやすいでしょう。

「中を絶対に覗《のぞ》いてはなりません」とか「箱の中身は絶対に開けてはなりません」と言われると、逆に「覗きたい」「中を確認したい」と人は感じてしまうのです。

もちろん、「カリギュラ効果」は、マーケティングでも非常に親しまれた心理法則になります。たとえば、ダイエット系の広告で「痩せたくない人は絶対に使わないでください」といったコピーを見たことはありませんか。

このように言われると、少し見てみたいと感じてしまわないでしょうか。もちろん、それでも見ないという人もいますが、無意識的に覗きたくなり、広告としては効果が

出やすいコピーとして知られています。

以上の例からもわかる通り、我々は、禁止や制限をかけられると、逆にしたくなってしまう生き物なのです。


カリギュラ効果の「カリギュラ（Caligula）」とは、第三代ローマ帝国皇帝のこと。彼は非常に見た目に色気がある男性で、異常な性欲と残忍性で悪名を轟かせていました。そんなカリギュラをモデルにした1980年公開のアメリカ・イタリア合作の歴史映画『カリギュラ』でしたが、過激な残虐シーンや性的シーンが多い作品だったことにより一部で公開禁止になりました。

しかし、それがかえって世間の話題となり、結果として『カリギュラ』は大ヒット。つまり、禁止されたことで、民衆は強烈な興味をかき立てられたのです。

■なぜ「カリギュラ効果」は効果的なのか

カリギュラ効果が効果的な理由は「心理的リアクタンス」という心理効果が働くか

らです。

心理的リアクタンスとは、「自由を制限されると、その自由を取り戻そうとする心理現象」のこと。我々には、「自由な選択をしたい！」という欲求が備わっています。しかし、これを制限されることで、心理的反発が起き、無意識のうちにその自由を取り戻そうと感じてしまうのです。

「この玉手箱を絶対に開けてはなりません」というのは、「開ける」という自由を制限されていることになります。それゆえ、浦島太郎の心の中では、心理的反発が起き、結果、玉手箱を開けてしまうことになったというわけですね。

■「カリギュラ効果」をクロージングに活用する方法

少し挑戦的なトークになりますが、もし絶対に契約を決めたいと思ったら、プレゼンテーションに入る前に、次のような営業トークを使ってみてください。

「もし提案を聞いてみて、必要がないと感じたら、絶対に契約しないでください！

（カリギュラ効果）ただもしも内容にご納得していただけましたら、この場でスタートしてもらえればと思います（即決トーク）」

もちろん、購入意欲が高い顧客であれば、わざわざ使用する必要はないのですが、顧客の中には「プレゼンを聞いたら、購入しなければならないのでは？」と不安に感じる人たちも一定数います。

しかし、前に紹介したカリギュラ効果を使ったトークを入れることで、「必要なかったら購入しなければいいしな」といった安心感を持ってもらうことができます。

つまり、プレゼン移行率を向上させることができるようになるのです。

もし、プレゼン移行率が低いと感じている方は、一度試しに使ってみることをおすすめします。

33

保有効果

所有しているモノに対して、不当に価値付けしてしまう心理傾向

あなたは「モノを手放すことができない」という悩みを抱えていないでしょうか。昨今ではミニマリストや断捨離というワードが流行っています。これらはいずれも〝モノを減らす〟ことにフォーカスしたワードですが、モノを減らすことで、時間に余裕ができたり、心が豊かになったり、睡眠の質が上がったり…といった様々なメリットがあります。

しかし、このようなメリットに気づいていたとしても、我々の脳はそれを阻止しようとします。というのも、**我々の脳は、「手放す」ことに大きな恐怖を感じるようにできている**からです。

これについては「希少性の原理」と「損失回避バイアス」でも話をしましたので割

愛しますが、手短にお伝えするのであれば、我々の本能がそうさせているのです。

ほかにも、投資の損切りができないという現象にも保有効果が関わっています。たとえば、ある会社の株を1000円で購入しました。

しかし、数日後、その株価は500円まで下がってしまいました。

さて、あなたならどのような行動を取るでしょうか。投資のことをものすごく勉強している方は、ここで〝損切り〟(損失が確定している状態で売り捌くこと)という方法を取るでしょう。

なぜなら、そうすることで、損失を最小限に抑えることができるからです。

しかし、投資についてあまり勉強をしていない人の場合、この損切りができません。

なぜなら、「しっかり調べて、自分が信じて購入した株なのだから、今は下がっていても、どこかで値上がりするかもしれない!」という希望的観測を持つからです。

このように、我々は、**あるモノを一度保有してしまうと、それを不当に価値付けしてしまい、手放すことができなくなってしまう**傾向にあるのです。

■ダニエル・カーネマンのマグカップ実験

行動経済学者のダニエル・カーネマンは、次のような実験を行いました。

まず実験参加者を2つのグループに分けるのですが、半分には実験の実施場所となった大学の紋章入りのマグカップ（6ドル）を割り当てます（その時、マグカップの値段を教えることはしません）。

残り半分の参加者にそのマグカップを割り当てず、マグカップを割り当てられた参加者からマグカップを買ってもらいます。

つまり、参加者を「売り手（マグカップの割り当てあり）」と「買い手（マグカップの割り当てなし）」という2つのグループに分けたわけです。

次に、それぞれのグループに別々の質問をします。

「売り手」には「このマグカップをいくらだったら売りますか？」

「買い手」には「このマグカップをいくらだったら買いますか？」

その時、それぞれの被験者がどれくらいの値付けをするのかを調べたのです。

実験の結果、「売り手」は、平均7・12ドルで売るという結果となりました。もちろん、「買い手」も同じマグカップなのですから、それに近い値付けをするはずですよね。しかし、「買い手」は平均2・87ドルで買うという結果となり、**「売り手」は「買い手」の2倍以上の値段を付けるという結果となった**のです。

では、「売り手」と「買い手」の値付けには、なぜこのような違いが生まれたのか。お気づきの通り、「マグカップを保有していたか、していなかったか」だけです。

売り手は、マグカップが割り当てられていたことにより、保有効果が働き、マグカップに本来6ドルのマグカップ以上の値付けをしたわけです。

一方で、買い手は、マグカップを割り当てられていませんでした。なので、保有効果が働くことはなく、なんの変哲もないマグカップに通常以下の値段を付けることになったのです。このように、ある対象を一度所有してしまうと、それに不当に価値付けしてしまう現象が起こることがわかりますね。

■「保有効果」を営業に活用する方法

「保有効果」を営業に活用する方法は大きく分けて2つあります。

①返金保証
②無料お試し

あなたもこれら2つの営業戦略は見たことがあるでしょう。

実はこれらの2つは、保有効果が活用された最強の営業戦略なのです。加えて先にお伝えしておくと、ここでは、何か具体的なアクションに落とし込むことを目的としておらず、これら2つのメリットにしっかり気づいてもらうことを目的としています。

というのも、これら2つの特典が付いているにもかかわらず、そのメリットを十分に理解していないために、これらのことを顧客にサラッとしか伝えていない営業マンがあまりにも多いからです。

たとえば、「どうせ購入しないだろうし、返金保証についてはサラッと伝えておくかぁ〜」「無料お試しの契約を取り付けたからって、本契約になるわけではないし、そこまで本気になることないかぁ〜」など。

これらの考え方は非常にもったいないことです。

なぜなら、これら2つの営業戦略があるからこそ、本契約につながる可能性が生まれるからです。

別の言い方をするのであれば、**これら2つの戦略は、本契約を取るためのファーストステップ**なのです。なので、以降では、返金保証と無料お試しそれぞれのメリットを十分に理解してもらえればと思います。

方法1 返金保証

返金保証は、化粧品や育毛剤、サプリメント、脱毛……など様々な業界で使われている営業手法になります。もちろん、返金保証は、会社の売上げに大きく貢献する営業手法です。

では、なぜ返金保証は強力な営業手法として多くの業界に親しまれているのか。

結論、**返金保証により「手に取ってもらうきっかけ」を作ることができるから**です。このきっかけさえ作れれば、あとは保有効果の力により、返金されずにそれがそのまま売上げとして計上されることになります。

ちなみに、返金率についての疑問があると思いますが、そもそも通販などの平均返金率は2〜4%ほどだそうです。

そのほかの業界についても一通り調べましたが、返金率はかなり低いという印象を受けました。なので、返金保証によって、逆に売上げが下がるなどのネガティブな効果がないことはここで理解しておくようにしましょう。

方法2 無料お試し

前述した返金保証と同様に、無料お試しも保有効果を活用した営業手法になります。なぜなら、先ほど同様に、手に取ってもらうきっかけを作ることができるからです。無料お試しで有名な会社と言えば、再春館製薬所のドモホルンリンクルがありますよね。

再春館製薬所は、美容系の商品を販売している会社で、「3日間の無料お試しセット」というサービスを行っています。

それを試すには、フォームに電話番号やメールアドレスを入力する項目があるのですが、3日間が過ぎたら電話やメールで営業をかけ、本契約に取り付けるという戦略になっています。

「無料お試し」は、一度手に取ってもらうための最高の戦略のひとつだと言えるでしょう。なぜなら、お気づきの通り、顧客にとってはノーリスクだからです。先ほどの返金保証と比べてもノーリスク感が強く出ています。というのも、返金保証については、リスクはないものの、手に取るために一度お金を支払わなければならないからです。

このように、返金保証や無料のお試しは、一度、商品を顧客に手に取ってもらう上でものすごく効果的な販売戦略になります。今までサラッとしか伝えていなかった方は、ぜひ積極的に活用していくようにしましょう。

34

両面提示-2

ある対象のメリットとデメリットの両方を伝える心理テクニック

両面提示については、プレゼンテーションの章で詳しく解説しました。実は、両面提示は、クロージングにおいても大きな活躍を見せます。

念のため、この章の中でもひとつ具体例を提示しておくと、「○○という副作用はありますが（デメリット）、この薬を飲むことで、痛みを軽減させることができます（メリット）」という伝え方になります。

このように、メリットと一緒にデメリットも伝えることで、他者から信頼を獲得できるというのがこの両面提示でした。しかし、クロージングでは、両面提示を違った形で使う方法をご紹介します。

■「両面提示」をクロージングに活用する方法

クロージングの際には、商品購入の決断がなかなかできない顧客もいます。そんな時、どんな言葉をかけてあげればいいのか迷いますよね。そんな時、焦りからベラベラと必要以上のことを話してしまい、こちらの焦りが伝わってしまうことも多々あります。

もちろん、このような動揺は顧客にも伝わり、結果として不買になってしまうなんてこともあります。顧客が購入に迷っている時、どのように声をかけるのがベストなのでしょうか。そこで使うクロージングこそ両面クロージングなのです。

たとえば、あなたが英語教材を販売している営業マンであるなら、顧客に向けて、教材を購入したあとのメリットとデメリットをそれぞれ紙などに書いて一緒に整理します。そうすることで、顧客も教材を購入する真の理由を再認識することができるからです。たとえば、次のような感じで書くことが多いですね。

例：英会話教材

メリット

- 平均所得が高くなる
- グローバルに仕事ができるようになる
- 国内でも重宝される
- 自分に自信がつく

デメリット

- 毎月２万円の出費が発生する

この両面を記す際のポイントを３つお伝えします。

ひとつ目は「顧客に言わせる」で、２つ目は「メリットは左側に記す」。３つ目は「メリットは多めに記す」です。それぞれ見ていきましょう。

方法１━顧客に言わせる

メリットは、なるべく顧客の口で言わせるようにしましょう。なぜなら、そうすることで、「コミットメントと一貫性の原理」を強化できるからです。

たとえば、「メリットはなんですか？」という質問に対して「平均所得が高くなるというメリットがありますね」と言わせることで、それと一貫した行動、つまり、購入するという行動を引き起こしやすくなります。

一方デメリットについてですが、メリットほど意識して発言させる必要はありません。というのも、発言させればむしろコミットメントと一貫性の原理により逆効果になる可能性があるからです。なので、デメリットについては、こちらから「デメリットは、毎月2万円かかるといったところですかね～。ほかに何か思い浮かぶデメリットはありますか？」と質問して終わりにして大丈夫です。

方法2 メリットは左側に記す

メリットとデメリットの記し方ですが、「メリット＝左、デメリット＝右」という方程式を忘れないでください。というのも、我々は、ある対象を見る時、左から右へと視線を向ける傾向があります。

つまり、一番目立たせたい、何度も目にしてもらいたいメリットは左側に書いたほうが良いわけですね。

もちろん、メリットのほうに何度も注意が向くと、それだけ「購入したほうが良いのでは？」という感情を生起させることにつながりますので、ぜひこの方程式は徹底しましょう。

方法3　メリットは多めに記す

メリットは、なるべく多めに記すことが大切です。仮に顧客からそこまで多くのメリットが出なかったら、あなたが口頭で記してメリットの数を増やすことまでしたほうが良いくらいです。

その時は、「ちなみに、グローバルに仕事ができるようになるっていうメリットもありませんか？」と質問を投げかけて、コミットを取り付けましょう。

そもそも、なぜメリットの数を意識する必要があるのか。

それは、「数は対象への認知に大きな影響を与えるから」です。

たとえば、ビジネス系のセミナーなどで頻繁に使われる縦長の販売ページを見たことがあるでしょうか。

多くの人は、こんなに長いページだと閲覧者が離脱してしまうのではないかと考えてしまうのですが、それは大きな間違いです。

逆に、長いページにすることで、説得力を持たせることができるからです。

たとえば、長いページのものと短いページとではどちらのほうが、しっかりした信頼できるページだと感じるでしょうか。おそらく、長いページですよね。これは、両面クロージングでもまったく一緒なのです。

以上、両面提示は、プレゼンテーションだけではなく、クロージングにも活用できる心理法則になりますので、ぜひ効果的に使うようにしていきましょう。

35

テンション・リダクション効果

緊張状態が消滅したあと、注意力が減少する心理傾向

「テンション・リダクション効果」のテンションは「Tention＝緊張」、リダクションは「Reduction＝減少・消滅」という意味があります。

商品を購入したあとは、その緊張状態が消滅することからこの名が付けられました。では、緊張状態が消滅することで、営業においてどのようなメリットがあるのでしょうか。

結論、緊張状態が消滅することで、「ついで買い」をする確率が高まります。

想像しにくいかもしれませんが、あなたも思い返すと、経験しているハズです。たとえば、Amazonなどである商品を購入したあと、それに関連した商品をリコメンドされ、購入してしまったなんていう経験はありませんか。

私は、Amazonで頻繁に本を購入しますが、「ついで買い」をしてしまうことが多々あります。たとえば、「論理的思考」に関する本を購入したあとに、それに関連した「水平思考」「批判的思考」などの本を紹介されると、つい購入してしまいます。

これは、論理的思考の本を購入したあと、「テンション・リダクション効果」により購入への緊張感が緩み、財布の紐が緩くなってしまうことによる現象だとされています。

逆に言えば、商品購入後に、テンション・リダクション効果を思い出すことができれば、無駄な消費を減らすことができるようになります。

なぜなら、自分を客観的に見られるようになるからです。

たとえば、なぜ先生たちは「帰るまでが遠足ですよ！」と言うのかと言えば、生徒たちは遠足のあと、気が緩んでしまうことを知っているから注意喚起しているわけですよね。これ自体テンション・リダクション効果と少し似ています。

購入後で気が緩んでいる時は、「店を出るまでが買い物ですよ！」と促してあげることで、ついで買いを減らせるのかもしれませんね。

■「テンション・リダクション効果」を営業に活用する方法

では、テンション・リダクション効果を、どう営業に活用すれば良いのでしょうか。

結論から言うと、**「営業時にクロスセルを癖づける」**のです。

「クロスセル」とは、顧客が購入する際、または購入を決意した際に別の商品を一緒に提案すること。

たとえば、顧客に1万円のワンピース（メイン商品）の購入を決断してもらったあとに、「ちなみに、こちらのワンピースをお買い上げのお客様の多くは（社会的証明）、こちらのマフラー（サブ商品）もご購入されますが、ちょっと合わせてみてはいかがでしょう？　ちなみに、今なら両方ご購入されると、それぞれ10％オフになります」などと伝えます。

すると、サブ商品の購入率を高めることができます。まとめると、メイン商品の購入決定により、緊張状態が著しく低下するので、のちに提案するサブ商品の購入率を高めることができるのです。

加えて、ここからはクロスセルと非常に関係が深い営業戦略である「アップセル」と「ダウンセル」についても解説しておきます。

これら3つの営業手法は、いずれも顧客単価を上げる上で非常に大切になる営業テクニックになりますので、ぜひマスターしましょう。

ではまずは「アップセル」から解説します。アップセルとは、グレードの高い商品を提案することです。わかりやすい例で言えば、500円のハンバーガーを購入しようとしている顧客に対して、700円のハンバーガーを提案することです。

一方で、「ダウンセル」とは、グレードの低い商品を提案することです。たとえば、500円のハンバーガーの購入を検討している顧客に対して、300円のものを提案することです。

念のため、同じ具体例でクロスセルにも触れておきましょう。クロスセルとは、関連商品を提案することで、たとえば500円のハンバーガーの購入決定をした顧客に対して、120円のポテトや100円のドリンクを勧めるといったことをします。

■3つのセルのタイミング

ここまででアップセル、クロスセル、ダウンセルについて解説しましたが、最後にそれぞれを行うタイミングについて解説していきます。

━アップセルのタイミング

アップセルは、メイン商品の購入を前向きに検討している時に行いましょう。たとえば、「もう購入しちゃおうかな」「購入しちゃえ！」というレベルの顧客に対してですね。

なぜなら、商品Aにポジティブな評価をしているため、それよりもグレードの高い商品Bにもポジティブな評価をしやすくなるからです。

たとえば、買い物客が、洋服Aを手にとって前向きに購入検討していたとする。そこで、「洋服Aよりも多少お値は上がりますが、こちらもお似合いですよ？」とグレードの高い洋服Bを勧めるのです。もし、価格に問題なければ、洋服Bを購入してくれる確率が高まるでしょう。

クロスセルのタイミング

クロスセルは、メイン商品の購入を決断した時に行いましょう。なぜなら、前述したコミットメントと一貫性の原理が働き、サブ商品も購入しやすい状態になっているからです。つまり、商品Aを購入決断したことで、それと矛盾しない行動（関連商品である商品B、商品Cを購入する）を取りやすくなるのです。

たとえば、買い物客が「これは購入決定！」と洋服Aを購入決断したとする。そこで、「洋服Aを購入されている人の多くは、こちらのアクセサリーも一緒にご購入されているのですが、お召しになってみますか？」と関連商品であるアクセサリーを勧めたとします。

もし、価格に問題なければ、コミットメントと一貫性の原理により、アクセサリーを購入してくれる確率が高まるでしょう。

ダウンセルのタイミング

ダウンセルは、メイン商品の購入を後ろ向きに検討している時に行いましょう。「ちょっと難しいかなぁ〜」「お金がなぁ〜」などの状態の時ですね。

たとえば、買い物客から洋服Ａに対して「欲しいんだけど、ちょっと高いからなぁ」などのネガティブな言葉が出ていたとします。

その際、すかさず「そうですよね〜。それでしたら、こちらなんかはいかがでしょうか？」とグレードの低い洋服Ｂを勧めるのです。

このようにタイミングよくダウンセルを提案することで、機会損失を避けることができます。

一番もったいないのが、顧客単価がゼロになってしまうことです。そうならないためにも、つまり何かしらの商品を購入してもらうようにするためにも、積極的にダウンセルをしていくといいでしょう。

テンション・リダクション効果

緊張が途切れた時
注意力が減少する心理効果。
それにより「ついで買い」をする
機会が増える

36

ブーメラン効果

説得されればされるほど、逆の態度・行動をしてしまうという心理現象

「ブーメラン効果」は、起こした行動がブーメランのように反対の効果を発揮する心理現象です。

たとえば、親に「勉強しなさい！」と叱られて、「うるさいなぁ」と思ったことはないでしょうか。もしも、あなたが子を育てる親なのであれば、ひとつ忠告しておきます。それは、「勉強しなさい！」と叱るのは、「勉強するな！」と言っているようなものです。なぜなら、「勉強しなさい！」と強要することで、子どもは逆の態度・行動を取るようになるからです。

もしも勉強をさせたいと思うのであれば、まずは「自分が楽しく学んでいる姿」を見せることから始めましょう。すると、学ぶことを楽しむあなたの姿を見て、勉強するようになるかもしれません。

ほかにも、ダイエットのアドバイスをしてみるものの、いっこうに努力しない友達っていませんか。もしかしたら、それはあなたのせいかもしれません。

なぜなら、「ダイエットの方法」や「ダイエットの重要性」を伝えれば伝えるほど、友達はダイエットする気がなくなってしまうからです。

なので、友達から「アドバイスが欲しい！」と言われない限り、絶対にアドバイスはしないようにしましょう。そして、仮にアドバイスを求められたとしても、必要以上にあーだこーだ言わないことです。

というのも、友達もあなたにアドバイスを求めたものの、ガミガミ言われると「アドバイスを求めるんじゃなかった……」と後悔してしまうからです。

最後に、コーチ、コンサルタントに向けての具体例をお伝えしますね。

あなたは「クライアントを徹底的にフォローするべきだ！」と思っていませんか。

これはコーチ・コンサル・セラピスト業界でよくあることなのですが、結論、これは大きな間違いです。

過剰過ぎるフォローは、逆にクライアントから愛想を尽かされてしまうことになってしまいます。

たとえば「今日の成果報告をお願いします！」「今日はどのようなタスクをこなしましたか？」「今日はSNSを更新しましたか？」などですね。このように、必要以上のサポートは、ブーメラン効果によりかえってクライアントのモチベーションを低下させてしまいます。

■コーエン実験

アメリカの心理学者コーエンの実験を紹介します。

はじめに「男女共学」に関して批判的な意見を持つ被験者を集め、彼らに「男女共学にどちらかと言えば賛成の意見を持つ被験者（サクラ）を説得してください」と伝えます。その際、サクラを2つのグループに分けます。

Ａ「どちらかと言えば賛成」から「賛成」へと少しだけ態度を変えるグループ
Ｂ「どちらかと言えば賛成」から「全面的賛成」へと大きく態度を変えるグループ

その時の、「どれくらいの数の被験者がサクラに同調するか」を調べました。

実験の結果、Ａのグループでは、サクラに同調する被験者が多く出たのに対し、Ｂのグループでは、サクラに同調する被験者は全体のたったの2割しか出ませんでした。しかも、Ｂのグループでは、男女共学に反対する態度が逆に強くなった被験者が6割にものぼったというのです。

このように、強い反発に対しては、強い反発で返って来ることが見て取れますね。もちろん、日常生活ですでに体験していることだとは思いますが、こうして実験結果を見ることで、その重要性がさらに理解できるのではないでしょうか。

■「ブーメラン効果」を営業に活用する方法

クロージングのみならず、営業の全プロセスで言えることですが、「商品を推し過ぎない」ことが大切です。

確かに、あなたの愛する商品を顧客に伝えたい気持ちはわかります。「絶対に購入したほうがいいですよ！」「弊社の商品は他社より絶対にいいですよ！」「購入しない理由はないですよ！」などと興奮して伝えたくなるでしょう。

しかし、これではプッシュ型の営業になってしまいます。すると、ブーメラン効果が発動してしまうことになり、結果として失注になってしまうことが多々あります。

営業で大切なことは、やはりラポール→ヒアリング→プレゼンテーションというそれぞれのプロセスを徹底すること。言い換えると、相手から「買いたい」「売って欲しい」という思いや感情を引き出すことです。

具体的には、信頼関係を構築し、顧客の現状と理想と課題を引き出し、そのギャップを埋めるための提案をすることができれば、顧客から「欲しい！」と思ってもらえるようなプル型の営業を実現することができるようになるのです。

もちろん、営業では多少のプッシュが必要です。ただ、推したら推しただけ契約率が上がるかと言えば、そうではないということも知っておく必要があります。

ですので、クロージングの段階でやることをやったら、すぐに撤退する選択肢も視野に入れておくようにしましょう。

たとえば、二択のクロージングから入り、顧客が「どうしようかな～」と購入に悩んでいます。次に、商品購入後のメリットとデメリットを提示する両面クロージングに入ります。これでクロージングにおいてやるべきことは、基本的にはやりきりました。もし、それでも顧客が購入を悩み続けてしまうようであれば、すぐに切り上げましょう。

もちろん、次回も会ってもらえるようであれば、日程を確認してお別れをします。一方で購入が難しいようであれば、残念ではありますが、そこで見切りを付けるのです。クロージングでダラダラと時間を使うよりも、すぐに切り上げて、ひとりの時間を作り、失注した理由を見直すのです。たとえば、「現状質問はしっかりできていた？」「示唆質問はしっかりできていた？」「即決トークはした？」などですね。

営業マンの多くは、押せば押すほど契約率が上がるという勘違いをしてしまっています。ぜひ、クロージングに全力を注ぐのではなく、それより前のプロセスに目を向けるようにしていきましょう。

おわりに

最後までお付き合いいただき心より感謝いたします。これまで36の心理法則を紹介してきましたが、最後にあなたにお伝えしたいことがあります。

それは「心理法則は魔法ではない」ということ。

つまり、心理法則を使ったからといって、あなたの目的が１００％達成されるわけではないということです。

返報性の原理を使って説明すると、「相手に与えたからといって、１００％お返しが返ってくるわけではない」ということ。同様に、内集団バイアスで「共通点を共有したからといって、１００％仲良くなれるわけではない」ですし、誤前提暗示の「二択の質問をしたからといって、100％イエスをもらえるわけではない」のです。

にもかかわらず、私の元には、YouTubeの視聴者やブログから次のような質問が来ることがあります。

「即決トークを使ったのに、契約できませんでした。どうすればいいですか？」

このようなメールを送ってくる人ほど、本当に大切なことができていなかったりします。たとえば、営業プロセスを一つひとつ達成することができていなかったり、見た目をおざなりにしていたり、無意識に相手を否定していたり……。

営業の成否は、様々な要素で決定します。ですから、心理法則を活用すれば何でも思い通りになるわけはなく、決して「都合の良い魔法」みたいなものではないのです。

では、我々は心理法則をどのように捉えればいいのか。

それは、**「心理法則は『買ってみたい』という気持ちにしてあげられるツールでしかない」**と理解することです。

たとえば、返報性の原理で言えば、「相手に与えれば、お返しが来る可能性が高くなる」。内集団バイアスで言えば、「共通点を共有すれば、相手と仲良くなれる可能性が高くなる」。誤前提暗示で言えば、「イエスをもらえる可能性が高くなる」と考える。

心理法則というのはあくまでツールです。それ以上でもなければそれ以下でもない。心理法則を押さえながら、ご自身の営業プロセスの中にうまく落とし込んでいってください。

そうすることで、心理法則はあなたの営業においての強力なツールになり得ます。

ただし、心理法則は使い方次第で、毒にも薬にもなるものです。

本書の冒頭で私は、「営業で大切なことは、人の心を理解することだ」とお伝えしました。

本書の心理法則を使って相手をマインドコントロールのようにしていくことは望んでいません。そもそも、そんなことは不可能ですし、可能だったとしても、粗悪なものを掴まされたり、口先だけの営業だったりしたら必ず破綻します。あなたや会社、商品やサービスの悪評が立ったり、場合によっては恨まれたりもするかもしれません。

そんな仕事は営業ではありません。

買った人、契約した人が幸せになるお手伝いをするのが営業の仕事です。

ですから、決して、相手をマインドコントロールしようとするのではなく、気持ちよく、心地よく、前向きな気持ちで購入や契約をしていただく。

これが大事なスタンスだと考えています。

それがあなたの成果となり、次の仕事の成功につながっていくはずです。


最後になりますが、本書が営業力をアップさせるきっかけやヒントになることを願います。今日からひとつずつでいいので、ぜひあなたの営業戦略に本書で紹介した心理法則を導入してみてください。

それによって、もしあなたに何らかの変化が起き、成果につながったら、ぜひ私の元へメッセージをください。何かしらお返事をさせていただきます。

本書を最後までお読みいただきまして、ありがとうございました。

大谷侑暉

参考文献

『影響力の武器［第三版］　なぜ、人は動かされるのか』ロバート・B・チャルディーニ（誠信書房）

『影響力の武器　実践編［第二版］「イエス！」を引き出す60の秘訣』ノア・J・ゴールドスタイン、スティーブ・J・マーティン、ロバート・B・チャルディーニ（誠信書房）

『影響力の武器 戦略編：小さな工夫が生み出す大きな効果』スティーブ・J・マーティン、ノア・J・ゴールドスタイン、ロバート・B・チャルディーニ（誠信書房）

『説得とヤル気の科学 ――最新心理学研究が解き明かす「その気にさせる」メカニズム』Susan Weinschenk（オライリージャパン）

『情報を正しく選択するための認知バイアス事典』情報文化研究所（山﨑紗紀子／宮代こずゑ／菊池由希子）（フォレスト出版）

『ファスト&スロー(上)』ダニエル・カーネマン（早川書房）

『ファスト&スロー(下)』ダニエル・カーネマン(早川書房)
『予想どおりに不合理　行動経済学が明かす「あなたがそれを選ぶわけ」』ダン・アリエリー(早川書房)
『心理学検定　一問一答問題集【A領域編】』日本心理学諸学会連合 心理学検定局(実務教育出版)
『失敗の科学 失敗から学習する組織、学習できない組織』マシュー・サイド(ディスカヴァー・トゥエンティワン)
『嫌われる勇気』岸見一郎、古賀史健(ダイヤモンド社)
『われわれはなぜ嘘つきで自信過剰でお人好しなのか　進化心理学で読み解く、人類の驚くべき戦略』ウィリアム・フォン・ヒッペル(ハーパーコリンズ・ジャパン)
『世界最先端の研究が教えるすごい心理学』内藤誼人(総合法令出版)
『世界最先端の研究が教える さらにすごい心理学』内藤 誼人(総合法令出版)
『世界最先端の研究が教えるもっとすごい心理学』内藤 誼人(総合法令出版)
『やってのける』ハイディ・グラント・ハルバーソン(大和書房)

『だれもわかってくれない　傷つかないための心理学』ハイディ・グラント・ハルヴァーソン（早川書房）
『世界は感情で動く　行動経済学からみる脳のトラップ』マッテオ・モッテルリーニ（紀伊國屋書店）
『経済は感情で動く　はじめての行動経済学』マッテオ・モッテルリーニ（紀伊國屋書店）
『人を操る説得術　7ステップで誰でもあなたの思いのまま』ニック・コレンダ（パンローリング株式会社）
『図鑑 心理学～歴史を変えた100の話』トム・ジャクソン（ニュートンプレス）
『GIVE & TAKE「与える人」こそ成功する時代』アダム・グラント（三笠書房）
『説得の心理技術　欲しい結果が手に入る「影響力」の作り方』デイブ・ラクハニ（ダイレクト出版）
『現代広告の心理技術101―お客が買わずにいられなくなる心のカラクリとは』ドルー・エリック・ホイットマン（ダイレクト出版）

『脳科学マーケティング100の心理技術――顧客の購買欲求を生み出す脳と心の科学』ロジャー・ドゥーリー（ダイレクト出版）
『スタンフォードの自分を変える教室』ケリー・マクゴニガル（大和書房）
『スタンフォードのストレスを力に変える教科書』ケリー・マクゴニガル（大和書房）
『マインドセット「やればできる！」の研究』キャロル・S・ドゥエック（草思社）
『ポジティブ心理学の挑戦〝幸福〟から〝持続的幸福〟へ』マーティン・セリグマン（ディスカヴァー・トゥエンティワン）
『認知バイアス　心に潜むふしぎな働き』鈴木宏昭（講談社）
『進化心理学から考えるホモサピエンス　一万年変化しない価値観』アラン・S・ミラー（パンローリング株式会社）
『SINGLE TASK 一点集中術――「シングルタスクの原則」ですべての成果が最大になる』デボラ・ザック（ダイヤモンド社）
『RAPPORT　最強の心理術――謙虚なネズミが、独善的なライオンを動か

す方法』ローレンス・アリソン、エミリー・アリソン（三笠書房）
『ヒルガードの心理学 第16版』スーザン・ノーレン・ホークセマ、バーバラ・フレデリックソン、ジェフ・ロフタス、クリステル・ルッツ（金剛出版）
『幸福優位7つの法則　仕事も人生も充実させるハーバード式最新成功理論』ショーン・エイカー（徳間書店）
『成功が約束される選択の法則　必ず結果が出る今を選ぶ5つの仕組み』ショーン・エイカー（徳間書店）
『WILLPOWER 意志力の科学』ロイ・バウマイスター、ジョン・ティアニー（インターシフト）
『ヤル気の科学 行動経済学が教える成功の秘訣』イアン・エアーズ（文藝春秋）
『なぜハーバード・ビジネス・スクールでは営業を教えないのか?』フィリップ・デルヴス・ブロートン（プレジデント社）
『大型商談を成約に導く「SPIN」営業術』ニール・ラッカム（海と月社）
『営業の神様』ジョー・ジラード、トニー・ギブス（アルファポリス）

ブックデザイン：小口翔平＋奈良岡菜摘＋阿部早紀子（tobufune）
イラスト：大野文彰
DTP：野中賢・安田浩也（システムタンク）
編集協力：鹿野哲平

【著者プロフィール】
大谷 侑暉（おおたに・ゆうき）

セールスコンサルタント／セールス YouTuber
1992 年生まれ、奈良県出身。
M&A 営業マン、不動産営業マン、ライフプランナー、整体師、セラピスト、パーソナルトレーナー、コーチ、コンサルタント、会社経営者……など業種を問わず、売れない営業マン・経営者を「売れる営業マン」に変えるセールスコンサルタント・セールス YouTuber。
MLM の世界に入りわずか 2 年でトップ営業マンとしての地位を確立する。その後、学習教材販売を行う能力開発会社に転職。4 カ月でトップセールスを記録し、以後トップ営業マンとして活躍。完全フルコミッション営業、紹介営業を得意とする。
2017 年、営業マンに営業を教えるセールスコンサルタント兼セールス YouTuber として独立。長年研究してきた認知心理学・社会心理学・発達心理学などをはじめとした心理学・認知バイアスを営業・マーケティングに落とし込んだ独自の営業メソッドを開発。心理学に基づく解説はわかりやすい、実践しやすいと評判を呼び、自身はもちろん、数多くのクライアントの営業成果を大きく伸ばしている。
YouTube を中心とした SNS で、「楽しい営業」を撒き散らす取り組みを行っている。

▼ YouTube チャンネル
https://www.youtube.com/@salesyoutuber9629

▼ブログ
https://sales-closing.net/

サイコロジーセールス　最強の営業心理学

2023 年 5 月 7 日　初版発行

著　者　大谷　侑暉
発行者　太田　宏
発行所　フォレスト出版株式会社
〒 162-0824 東京都新宿区揚場町 2-18　白宝ビル 7F
電話　03-5229-5750（営業）
03-5229-5757（編集）
URL　http://www.forestpub.co.jp

印刷・製本　日経印刷株式会社

ISBN978-4-86680-225-1　Printed in Japan
乱丁・落丁本はお取り替えいたします。